C.H.BECK  WISSEN

in der Beck'schen Reihe

W0236653

Der Pilgerweg nach Santiago de Compostela erfreut sich weit über den Kreis frommer Pilger hinaus zunehmender Beliebtheit. Klaus Herbers beschreibt anschaulich, wie der Jakobuskult seit dem 8. Jahrhundert im Westen Spaniens entstand und allmählich zum Bollwerk gegen das muslimische Spanien wurde. Er erläutert die historische Bedeutung der Jakobswege als «Kulturstraßen Europas», stellt ihre wichtigsten Stationen vor und fragt nach den Gründen für die erstaunliche Blüte des Jakobskultes in jüngerer Zeit nach Jahrhunderten des Niedergangs.

Klaus Herbers ist Professor für Mittelalterliche Geschichte an der Universität Erlangen-Nürnberg. Seine übersetzte Ausgabe eines mittelalterlichen Pilgerführers liegt bereits in 7. Auflage vor.

Klaus Herbers

JAKOBSWEG

Geschichte und Kultur
einer Pilgerfahrt

Verlag C. H. Beck

Mit 9 Abbildungen und 2 Karten

Originalausgabe
© Verlag C.H. Beck oHG, München 2006
Gesamtherstellung: Druckerei C.H. Beck, Nördlingen
Umschlagabbildung: Jakobsmuschel an der Fassade
der Kathedrale von Santiago de Compostela, Spanien.
Photo: Jacques Pavlovsky/Sygma/Corbis
Umschlagentwurf: Uwe Göbel, München
Printed in Germany
ISBN-10: 3 406 53594 1
ISBN-13: 978 3 406 53594 9

www.beck.de

Inhalt

Einleitung: Ein ganz normaler Pilgerweg?   7

1. **Wie der Apostel Jakobus nach Spanien kam   10**
   Die Entdeckung des Grabes   10
   Die Übertragung der Gebeine nach Spanien   12
   Jakobus und die Christen in Nordspanien   16

2. **Santiago de Compostela:**
   Die Karriere einer Stadt am Ende der Welt   21
   Jakobus als Helfer Asturiens und Galiciens   21
   Neue kirchliche und herrschaftliche Strukturen   23
   Wege zur Erzbischofswürde   27
   Königtum und Apostelgrab   29

3. **Pilgerführer und Jakobspilger   33**
   Warum pilgern?   34
   Besondere Wege für Pilger?   40
   Der Pilgerführer des 12. Jahrhunderts:
   Vier Wege in Frankreich   41
   Pilgerfahrten im hohen Mittelalter   46

4. **Der Jakobsweg als «Kulturstraße Europas»   51**
   Spanien und Europa   51
   Pyrenäenpässe ins «Jakobsland»   53
   Epische Dichtung und Pilgerstraßen   58
   «Pilgerkirchen» und Pilgerkunst   60

5. **Unterwegs nach Compostela   62**
   Pilger und Pilgermassen   62
   Aufbruch und Ausstattung   63
   Gefahren und Riten unterwegs   64

Ankunft und Rückkehr   72
Eindrücke und Erinnerungen   74

6. «laß raisen wer da wil, bleib du dahaim»   79
Kritik an Reliquien, Wundern und Pilgerfahrten   79
Geistig-geistliche Pilgerfahrten   82
Veränderungen des Pilgerwesens   84
Der Spott der Humanisten   86
Martin Luther und die Folgen   87

7. Ein gewinnbringender Schlachtenhelfer   91
Die Eroberung von Coimbra   93
Die Schlacht von Clavijo – Abgaben für Compostela   95
Santiago-Orden und Königtum   97

8. Vom Niedergang zum Neuanfang   101
Theresia von Ávila gegen Jakobus   101
Europäische Pilger in der frühen Neuzeit   103
Die zweite Entdeckung des Grabes   108
Europa statt Spanien?   110

Bilanz und Ausblick   115

Dank   117
Zeittafel   118
Literaturhinweise   119
Register   123

Einleitung:
Ein ganz normaler Pilgerweg?

Der Jakobsweg ist in aller Munde, in der Wissenschaft, im Fernsehen, in Büchern und Zeitungen, aber auch in vielen Gesprächen und Diskussionen. Immer mehr Menschen wollen diesen Weg zum Grabesort des Apostels Jakobus in Santiago de Compostela nicht nur beschreiten, sondern auch mehr darüber wissen. Worin liegt die Anziehungskraft dieses Weges, den viele in der Tradition der mittelalterlichen Pilger zu Fuß zurücklegen? Ist es die Sehnsucht nach einer vergangenen Welt? Ist es die Suche nach neuen Sinnangeboten oder das Interesse an künstlerischen Kostbarkeiten unterwegs? Statistische Untersuchungen über die Motive heutiger Pilger unterstreichen derartige Antriebskräfte, aber solche Befragungen stoßen meist nicht bis in die letzten Tiefen vor, weil sich Motivationen kaum wie auf einem Seziertisch isolieren lassen.

Wieviele Menschen der Zielort Santiago de Compostela auch heute wieder aufnehmen muß, mögen die Zahlen des letzten Heiligen Jahres 2004 andeuten: Nach Zeitungsberichten sollen es mehrere Millionen gewesen sein, wobei allerdings die Meinungen darüber, wer ein wirklicher Pilger ist, auseinander gehen. Dieses Heilige Jahr, das immer dann begangen wird, wenn der Jakobstag am 25. Juli auf einen Sonntag fällt, ging am 31. Dezember 2004 mit der Schließung der Heiligen Pforte zu Ende. Nur in solchen Jahren dürfen die Pilger im nordwestspanischen Heiligtum die Kathedrale durch eine besondere Tür betreten, ähnlich wie in den Heiligen Jahren Roms zum Eintritt in den Petersdom eine besondere Pforte geöffnet wird.

Als der Erzbischof von Santiago de Compostela am Silvestertag 2003 zum Auftakt des Heiligen Jahres die Heilige Pforte mit drei Hammerschlägen öffnete, verlas er auch einen Brief des Papstes, in dem der Heilige Ort mit dem Apostelgrab sogar als «spirituelle Hauptstadt der europäischen Einheit» bezeichnet wurde. Nach einem liturgisch gestalteten Einzug des Klerus stand die Heilige Pforte das ganze Jahr allen Pilgern offen. Sie können in Heiligen Jahren besondere Gnaden gewinnen. Dennoch dürfte nicht nur die Aussicht auf himmlischen Lohn heutzutage viele Pilger auf den Wege locken. Vielmehr haben sich inzwischen auch die Politik und weitere Förderer wie die Europäischen Institutionen, die Jakobusgesellschaften und Freundeskreise der Pilgerfahrt nach Compostela angenommen. Die Landesregierung von Galicien bewirbt inzwischen jedes Heilige Jahr als sogenanntes *Xacobeo*, auch um das strukturschwache Galicien im Nordwesten der Iberischen Halbinsel bekannt zu machen und zu stärken.

Die Feierlichkeiten lassen deshalb auch weltlich-politische Aspekte erkennen, sind keinesfalls ausschließlich Feste der Frömmigkeit, wie am letzten Heiligen Jahr gut ablesbar ist. Einen Tag vor der Öffnung der Heiligen Pforte, am Fest der Translation (Übertragung der Gebeine) des Apostels Jakobus (30. Dezember 2003), war das spanische Königspaar anwesend, und König Juan Carlos trug im Namen aller Spanier die sogenannte *ofrenda*, ein Widmungs- und Bittgebet an den Apostel vor. Am 25. Juli, dem eigentlichen Jakobsfest, war das Königspaar erneut zugegen und verlas wiederum eine *ofrenda*. In diesen Ansprachen wurden auch aktuelle politische Bezüge angesprochen, insbesondere äußerte der König den Wunsch, der Apostel möge Spanien beschützen, außerdem bat er durch die Fürsprache des Apostels um ein gedeihliches «Zusammenleben» (*convivencia*) zwischen Völkern und Religionen.

Somit wirkten Politik und Religion 2004 wie in früheren Zeiten zusammen, obwohl auch in Spanien die Blütezeiten eines Bündnisses von Thron und Altar eher der Vergangenheit angehören. Die königlichen Äußerungen vor dem Hintergrund einer neueren Entwicklung in Spanien verwiesen aber zugleich indirekt darauf, wie sehr Jakobus schon seit dem Mittelalter, als große Teile der Iberischen Halbinsel muslimisch beherrscht wurden, auch für das Land und seine Einheit unter christlicher Führung als Helfer bemüht worden war. Zweifellos wurde damit eine Seite des Jakobuskultes angesprochen, die heute meist weniger gegenwärtig ist: Es ist die politische Bedeutung eines Kultes, der auf vielfältige Weise mit der spanischen Geschichte verwoben ist. Daß Jakobus als Patron Spaniens viele weitere Facetten hat, blenden viele Pilger aus, die meinen, sie könnten sich ausschließlich auf den Weg konzentrieren, und die zuweilen sogar glauben, der Weg sei das eigentliche Ziel. Politik, Reliquienkult und Pilgerfrömmigkeit waren aber schon seit den Anfängen des Jakobuskultes eng miteinander verknüpft.

1. Wie der Apostel Jakobus nach Spanien kam

«Gehet hin in alle Welt», so lautete der biblische Missionsauf-
trag an die Apostel. Aber wohin gingen die Apostel? Von einzelnen herausragenden Personen wie Petrus und später Paulus ist
einiges über ihre Reisen und Wirkungsstätten überliefert, was
freilich nur teilweise historischer Überprüfung standhält. Über
Missionsreisen des Apostels Jakobus des Älteren wissen wir
aber aus frühchristlichen Zeugnissen nichts, so daß es sich lohnt
zu fragen, wie und warum es zu der Vorstellung gekommen ist,
daß dieser Apostel nicht nur in Spanien missioniert habe, sondern auch dort begraben liege, nachdem sein Grab zunächst in
Vergessenheit geraten sei.

Jakobus und Johannes erscheinen in den Evangelien meist
als Söhne des Zebedäus und der Salome; sie werden zu Jüngern Jesu und zu Aposteln berufen. Mit Petrus und Johannes
gehört Jakobus zu den hervorgehobenen Begleitern Jesu, so bei
der Verklärung auf dem Berg Tabor oder vor der Kreuzigung
Jesu (vgl. u. a. Matthäus 4,21–22; 10,1–4; Markus 5,35–42;
Matthäus 17,1 ff., 26,36). Über seine Enthauptung unter Herodes Agrippa I. um das Jahr 44 berichtet die Apostelgeschichte
(12,1–2): «Um dieselbe Zeit legte der König Herodes Hand an
einige Angehörige der Gemeinde, um sie zu mißhandeln. Er ließ
Jacobus, den Bruder des Johannes, mit dem Schwerte hinrich-
ten.» In Palästina war der Apostel Jakobus der Ältere mithin getötet worden, sollte man nicht auch dort sein Grab vermuten?

Die Entdeckung des Grabes

Die mittelalterlichen Traditionen, die Jakobus mit Spanien, genauer mit Santiago de Compostela, verbinden, haben anderes
zu berichten. Nachdem himmlische Zeichen einen Eremiten na-
mens Pelagius zu Beginn des 9. Jahrhunderts im Nordwesten

Abb. 1   Der zu Beginn des 9. Jahrhunderts in Iria Flavia bzw. Compostela amtierende Bischof Theodemirus erscheint auf dieser Miniatur als Entdecker des Jakobusgrabes. Später wurde die Auffindung in die Zeit Karls des Großen datiert. Miniatur aus dem Chartular Tumbo A, Kathedralarchiv Santiago de Compostela, 12./13. Jahrhundert.

der Iberischen Halbinsel auf die Ruhestätte eines Apostels gewiesen hatten, entdeckte dieser ein Grab, das man bald mit dem des heiligen Jakobus des Älteren (Sant' Iago) gleichsetzte. Diese Nachricht verbreitete sich während des 9. Jahrhunderts nicht nur in Galicien und Spanien. Gelehrte in ganz Europa wußten schon bald Bescheid, vor allem (west-)fränkische und burgundische Märtyrer- und Heiligenverzeichnisse (Martyrologien) aus der zweiten Hälfte des 9. Jahrhunderts, welche nach den Tagesdaten gegliedert sind, verzeichneten die Neuigkeit unter dem Festtag des 25. Juli. Weitere Quellen aus Spanien, aber auch aus dem übrigen Europa wollten seit dem 10. Jahrhundert wissen, daß dieses Apostelgrab zahlreiche Pilger anzog.

Ausführlicher unterrichtet aber erst eine Urkunde vom 17. August 1077 in der einleitenden Passage: Zur Zeit König Alfons' II. von Asturien (791–842) soll ein Einsiedler von Engeln auf ein Apostelgrab hingewiesen worden sein, sodann habe er dem damaligen Bischof Theodemirus aus dem benachbarten Iria Flavia von dieser Vision berichtet. Nach einem dreitägigen Fasten fand man im Beisein von vielen Gläubigen das Grab, das mit Marmorsteinen ausgekleidet war, und meldete dies dem König, der den Bau einer Kirche veranlaßte. Dieser Bericht entsprach vergleichbaren Quellen über die Auffindung anderer Heiligengräber. Es fällt auf, daß diese genaueren Details erst gut zweihundert Jahre nach der Entdeckung verzeichnet werden. Compostela war in dieser Zeit schon zu einem wichtigen Pilgerzentrum der lateinischen Christenheit geworden, und so lautet zumindest eine von mehreren möglichen Hypothesen zur Erklärung des detaillierten Berichtes, daß nun immer häufiger gefragt wurde: Wie hat denn alles angefangen, wie stieß man überhaupt auf dieses Grab? Daß dabei jeweils zeitgenössische Fragen und Sichtweisen auch die gegebenen Antworten mit prägten, gehört heute zu den Grundeinsichten der Forschung, die sich mit Geschichtsschreibung und Hagiographie beschäftigt.

Die Übertragung der Gebeine nach Spanien

Die Erzählungen über ein Jakobusgrab widersprachen indirekt dem oben zitierten Bericht der Apostelgeschichte, denn zunächst mußte man doch das Jakobsgrab eher am Ort der Hinrichtung oder in der Nähe vermuten. Wenn aber die Nachricht von einem Begräbnisort in Compostela zutraf, dann galt es zu erklären, wie der Leichnam von Jerusalem dorthin gekommen war. Das zitierte Dokument von 1077 gibt zwei Hinweise. So heißt es, daß die Grabstelle lange Zeit unbekannt und versteckt geblieben sei. Aus dem Brief eines Papstes Leo wisse man aber Genaueres über eine Bootsfahrt mit dem Apostelleichnam. Nach der Enthauptung hätten Anhänger des Apostels dessen Gebeine nach Joppe (Jaffa) gebracht, von wo Jakobus dann, durch die Hand Gottes geleitet, nach längerer Zeit zu den Grenzen Galiciens gelangt sei.

Auch die variationsreichen Geschichten um diese Übertragung von Ost nach West sind erstmals im 9. Jahrhundert deutlicher greifbar und wurden dann in zahlreichen weiteren Fassungen ausgeschmückt. Das Interesse an Einzelheiten dieser Übertragung schien fast noch größer zu sein als dasjenige an weiteren Details zur Auffindung. Im wesentlichen gibt es zwei Überlieferungsstränge: Ein Translationsbericht ist von dem schon genannten Brief zu unterscheiden, den angeblich ein Papst oder Bischof Leo (vielleicht Papst Leo III., 795–816) verfaßt haben soll. Dieser Brief ist in mehreren Versionen überliefert. Die in das Jakobsbuch des 12. Jahrhunderts (*Liber Sancti Jacobi*) aufgenommene Fassung berichtet beispielsweise, wie Jakobus in Jerusalem gefangen genommen und gemeinsam mit seinem Schüler Josias zur Enthauptung verurteilt wurde. Als die Jünger den Leichnam aus Furcht vor den Juden an sich nahmen und nach Jaffa gelangten, fanden sie ein abfahrbereites Schiff, das sie bei günstigen Winden nach Westen bis nach Iria Flavia in der Nähe des heutigen Padrón brachte. In der Nähe eines Landgutes mit Namen *Liberum donum* (vielleicht heute: Libredón) legten sie den Apostelleichnam nieder. Einen heidnischen Tempel rissen sie ab, bestatteten den Apostel dort und errichteten darüber eine Kirche. Zwei der Jünger des Jakobus, Theodorus und Athanasius, blieben hier zurück, während die anderen zur Bekehrung Spaniens aufbrachen. Die zwei an der Kirche wachenden Jünger verfügten, nach ihrem Tode neben ihrem Meister bestattet zu werden, was dann auch geschah.

Diesem Brief Leos wird im Jakobsbuch eine ausführlichere Geschichte über die Translation vorangestellt, die andere Akzente setzt und vor allem die Ankunft des Leichnams in Galicien ausführlicher beschreibt. Demnach predigte Jakobus in westlichen Ländern das Wort Gottes und gewann sieben besonders treue Anhänger. Nach Jerusalem zurückgekehrt, missionierte er dort weiter, wurde aber nach verschiedenen Anfeindungen hingerichtet. Seine Jünger brachten heimlich den entseelten Leib ihres Meisters zum Strand. Mit einem bereitliegenden Schiff gelangten sie vor den Hafen von Iria Flavia in Galicien und ruderten an Land.

Bei einem *Luparia* genannten Besitztum baten sie eine Frau von vornehmer Herkunft (Lupa), sie möge ihnen einen kleinen

Tempel überlassen. Diese Frau mit programmatischem Namen (*lupa* = Wölfin) versuchte zunächst, den Jüngern zu schaden. Nach verschiedenen Fährnissen blieben die Jünger mit Gottes Hilfe vor schlimmen Folgen dieser Nachstellungen verschont. Als die vornehme Frau von verschiedenen Wundern erfuhr, lenkte sie ein und übergab ihnen ein kleines Gebäude, empfing die Taufe und schwor den alten Göttern ab. Die Jünger errichteten daraufhin ein Grabmal, bestatteten den Leib des Apostels und ließen eine Kirche bauen.

Die beiden im 12. Jahrhundert in dieser Form schriftlich greifbaren Geschichten zeigen unterschiedliche Interessen und Ausrichtungen. Im Brief Leos spielt die päpstliche Autorität für die Bestätigung der zunächst unglaublichen Translation der Gebeine eine wichtige Rolle; nach der Beschreibung der Reliquienankunft in Galicien erzählt die Quelle jedoch nur noch knapp von den beiden Jüngern und der angemessenen Ruhestätte. Demgegenüber bezieht der Translationsbericht in viel stärkerem Maße lokale galicische Traditionen ein. Dies betrifft die Topographie, die Auseinandersetzungen mit einer noch heidnischen Bevölkerung und Führungsschicht sowie die Kraft des Christengottes gegenüber heidnischer Verschlagenheit. Beide Schriftstücke gehören allerdings nicht zu den ältesten Versionen, sie sind auch nicht die einzigen Berichte.

Die Erzählungen von der Übertragung der Gebeine dienten – bei aller Ausschmückung, die auch mehr oder weniger stark lokales Kolorit einbezog – vor allem dazu, die Auffindung des Grabes in Compostela im 9. Jahrhundert mit Nachrichten der Apostelgeschichte in Einklang zu bringen. Nur so konnte einsichtig werden, warum ein in Jerusalem enthaupteter Jakobus in Compostela verehrt wurde. Darüber hinaus ließ sich die *translatio* aber mit einem weiteren Element zum Leben des heiligen Jakobus verbinden: mit der angeblichen Missionstätigkeit des Apostels auf der Iberischen Halbinsel. Denn aus sich heraus erklärten die Traditionen von Grabesfund und *translatio* noch nicht, warum Jakobus in Galicien bestattet werden mußte. Einer der beiden Berichte zeigt aber zumindest in Nebenbemerkungen, daß ein Glaubensbote in seinem Missionsgebiet beigesetzt werden solle. In den beiden vorgestellten Überlieferungen aus dem 12. Jahrhundert erwähnt nur die Geschichte von der *translatio* eine Missionstätigkeit des Apostels; der Leobrief übergeht sie. Eine Predigttätigkeit des Apostels Jakobus auf der Iberischen Halbinsel galt dort selbst im 12. Jahrhundert nicht als gesichert. Deshalb verwundert es nicht, daß vor allem Kreise aus Santiago de Compostela dieses Element unterstrichen und an die Translationsgeschichte knüpften.

Damit hängt ein letzter Punkt zusammen: die Bedeutung der apostolischen Begleiter. Im 11. Jahrhundert wurde vor allem in Rom Wert darauf gelegt, daß im wesentlichen Schüler der Apostel Petrus und Paulus im Westen missioniert hätten. Dem widersprachen die Jakobustraditionen; als weiterer Akzent in diesen Auseinandersetzungen entwickelte sich die Vorstellung, daß nun auch Jakobus ähnlich wie Petrus und Paulus eine gewisse Schar von Schülern namentlich zugeschrieben wurde.

Insgesamt ergibt sich für die Translation des Apostelleichnams aus den schriftlichen Quellen folgendes Bild: Erstmals ist in der Mitte des 9. Jahrhunderts eine kurze Notiz zur Übertragung der Gebeine in den Martyrologien greifbar, denen nicht überlieferte ausführlichere Fassungen derselben Zeit geähnelt haben könnten. Solche nicht erhaltene Versionen dienten wohl auch den vier Redaktionen des Leobriefes als Grundlage. Diese Traditionen wurden dann im 11./12. Jahrhundert vor allem mit einer schon in anderen Zusammenhängen entwickelten Missionsnotiz und der Lebensbeschreibung von sieben Apostelschülern angereichert.

Trotz dieser systematisch erscheinenden Struktur des hier vorgestellten hagiographischen Dossiers kursierten anderslautende Schriften und Vorstellungen von der Auffindung des Grabes und der *translatio*, von denen wir aber teilweise nur indirekt aus ablehnenden Äußerungen Kenntnis haben. Die Varianten zeigen, wie verschieden die Schriften zu einem einzigen Heiligen sein konnten und wie oft auch Traditionen über einen Heiligen immer wieder neu geschrieben wurden (*réécriture*).

Jakobus und die Christen in Nordspanien

Die Berichte zur Auffindung und zur Übertragung der Gebeine gingen aber allenfalls indirekt auf die Frage ein, warum dies wohl in Galicien geschah und warum die Gebeine ausgerechnet zu Beginn des 9. Jahrhunderts gefunden wurden. Neben den Anknüpfungspunkten einer Missionstätigkeit gerät damit der allgemeine politische und kirchenpolitische Zusammenhang des 8. und 9. Jahrhunderts ins Zentrum des Interesses. Spielte die weitgehende Eroberung der Iberischen Halbinsel durch Muslime seit 711 eine Rolle für die skizzierte Entwicklung der Traditionen um den Apostel Jakobus? Eine gängige These geht davon aus, daß die Entdeckung des Jakobusgrabes und die Entwicklung der spanischen Traditionen um den Apostel auch als Reaktion auf diese neue politische Situation zu gelten habe.

Die militärische Eroberung der Iberischen Halbinsel ging in den Jahren nach 711 auch deshalb zügig und ohne allzu großen Widerstand vonstatten, weil es den Muslimen weniger um eine flächendeckende Unterwerfung zu tun war als um eine Anerkennung ihrer Oberhoheit. Gerade die Gebiete im Norden der Iberischen Halbinsel und in den Pyrenäen blieben weitgehend ausgespart. Dort bestanden unabhängige Herrschaftsverbände fort, oder sie formierten sich nun, wie etwa ab 720 in Asturien. Über die Anfänge dieser Reiche kann nur wenig Gesichertes gesagt werden, weil spätere Quellen die Anfänge eines Widerstandes gegen die Muslime in diesen Herrschaften rückschauend überhöhten und verformt darstellten. Wahrscheinlich blieben sogar die Christen unter muslimischer Herrschaft anfangs für das Christentum Spaniens wichtiger als die Christen im nördlichen und östlichen Bergland. Im muslimischen Spanien wurden Anhänger von Buchreligionen – also Christen und Juden – nicht zur Konversion gezwungen. Trotzdem traten einige Christen und Juden zum Islam über, weil sie anders als die Muslime mit einer besonderen Steuer belegt wurden (*dhimma*-System).

In ideologischer Hinsicht war von Bedeutung, daß mit den muslimischen Eroberungen auch die alte Metropole des Westgotenreiches, das geistige und kirchliche Zentrum Toledo, unter muslimische Herrschaft gekommen war. Konnten die neuen christlichen Reiche des Nordens der im 6. und 7. Jahrhundert unter königlichem Einfluß gewachsenen Tradition Toledos als Konzilsort und Zentrum der Herrschaft etwas entgegensetzen? Führte diese Konkurrenz zu Toledo zur «Entdeckung» des Apostelgrabes im Norden? Dann stellt sich aber zumindest die Frage, warum die Gebeine erst zu Beginn des 9. Jahrhunderts «entdeckt» worden sein sollen. Um sie zu beantworten, müssen die Lebensbedingungen der spanischen Christen unter muslimischer Herrschaft etwas genauer betrachtet werden. Christen unter islamischer Herrschaft wurden in der Regel als Mozaraber bezeichnet. Sie konnten sich vor allem in Toledo darauf berufen, die Tradition der alten kirchlichen Metropole des Westgotenreiches fortzuführen.

Für die Päpste blieben diese spanischen Christen wohl auch zunächst die Ansprechpartner, wie mehrere Schreiben Hadrians I. aus den Jahren 785–791 dokumentieren. Kurz darauf diskutierten spanische und andere Theologen über den sogenannten Adoptianismus. Nach dieser Lehre hat Gottvater Jesus Christus lediglich adoptiert. Aufgekommen war die spezifische Ausprägung dieser Vorstellung wohl im südlichen Spanien, und viele Forscher ordnen dies auch politik- und sozialgeschichtlich ein. So dachte man an Einflüsse aus dem Osten (Syrien), die sich sogar an Personen als mögliche Transferträger festmachen lassen. Vielleicht spielte aber auch tagespolitisch eine Rolle, daß der Adoptianismus angesichts eines streng monotheistischen Islam von christlicher Seite ansatzweise eine theologische Kompromißformel anbot. Der Streit führte zu verschiedenen Lagern auf der Iberischen Halbinsel. Erzbischof Elipandus von Toledo (gest. ca. 802) war ein Verfechter dieser Lehre, während in dem kleinen christlichen Reich Asturien im Norden der Iberischen Halbinsel Abt Beatus von Liébana (gest. ca. 798) sie bekämpfte und dabei karolingische Hilfe erhielt. Auf dem Konzil zu Frankfurt wurde 794 zugunsten der seit den Konzilien des 4. Jahrhunderts für den Westen weitgehend verbindlichen Dreifaltigkeitslehre entschieden, und Papst Leo III. (795–816) bestätigte dies wenig später.

Damit hatte Asturien in theologischen Fragen gegenüber Toledo und den Christen unter muslimischer Herrschaft einen Sieg errungen, und es fällt auf, daß erst nach diesen Diskussionen das Grab des Apostels Jakobus auf wunderbare Weise entdeckt wurde. Die Christen des Nordens waren offensichtlich durch die dogmatische Auseinandersetzung mit karolingischer Hilfe gestärkt worden. Die Berichte über die Auffindung des Apostelleichnams zu Beginn des 9. Jahrhunderts im Nordwesten der Iberischen Halbinsel ähnelten vielleicht auch deshalb Nachrichten, wie sie aus dem karolingischen Frankenreich dieser Zeit bekannt sind, im Westgotenreich oder im muslimischen Spanien hingegen kaum üblich waren. Erst nach dem Adoptianismusstreit war offensichtlich auch kirchenpolitisch der Weg frei, um dem alten Toledo im Norden Spaniens etwas Neues entgegenzusetzen. Die Grabentdeckung war somit durchaus ein Politikum, das durch die muslimische Eroberung der Iberischen Halbinsel wesentlich bestimmt wurde, aber sie richtete sich kaum gegen die Muslime im Süden der Iberischen Halbinsel, sondern eher gegen den Führungsanspruch jener Christen, die unter muslimischer Oberherrschaft neue theologische Antworten suchten. Gefördert wurde dies zweifellos durch ein zunehmendes Selbstbewußtsein der kleinen Reiche im Norden, die eine eigenständige Kirchenorganisation aufbauen wollten. Inwieweit dies schon in den Jahren vor den großen Auseinandersetzungen 794–798 geschah, ist nicht bekannt, die neuen Strukturen waren vielleicht das «Ergebnis einer früheren Entwicklung» (Knut Schäferdieck).

Asturien hatte schon vor der Entdeckung des Apostelgrabes ein weiteres wesentliches Element einer eigenen Identität entwickelt. Der genannte Gegenspieler des Elipandus, Abt Beatus von Liébana, griff in einem Apokalypsenkommentar Notizen der ursprünglich griechischen Apostelkataloge auf, die den Aposteln verschiedene Missionsgebiete zuordneten: dem Apostel Jakobus dem Älteren die *Hispania* und/oder die Orte im Okzident. Wenn es zutraf, daß nach diesen Vorstellungen Jakobus der Ältere auf der Iberischen Halbinsel gepredigt hatte, lag es dann nicht nahe, sein Grab auch dort zu vermuten? Suchte man vielleicht zu Beginn des 9. Jahrhunderts ein Grab, das man mit demjenigen des heiligen Jakobus gleichsetzen konnte?

Mithin sind vor allem in dem kleinen christlichen Reich Asturien wesentliche Voraussetzungen für die Vorstellung von der Missionstätigkeit des Jakobus in Spanien und für die folgerichtige Entdeckung seines Grabes zu suchen. Die Rückendeckung durch das karolingische Frankenreich betraf dabei nicht nur die Fragen des Adoptianismus, sondern auch verschiedene Gesandtschaften Asturiens an den karolingischen Hof, die in den karolingischen erzählenden Quellen vor allem für die Jahre 795 und 797/98 erwähnt werden, legen ein gewisses Zusammenwirken nahe. Daneben blieb aber die Eigenständigkeit Asturiens wichtig, wollte man nicht in eine Abhängigkeit vom Karolingerreich geraten.

Vielleicht gehört in diesen Zusammenhang die an den asturischen König Mauregatus (gest. 788) gerichtete Hymne «O Dei verbum» (O Wort Gottes). In ihr wird Jakobus der Ältere in seiner Bedeutung für das Land hervorgehoben. In der zehnten Strophe gilt der Apostel als Haupt Spaniens, als Schützer und Patron. Vielleicht beziehen sich diese Passagen indirekt auf die Streitigkeiten um den Adoptianismus. Jakobus erscheint in der Hymne als Wächter gegen die Irrlehren in seinem alten Missionsgebiet. Außerdem dokumentiert der Text asturische Eigenständigkeit, vielleicht um zu starke karolingische Einflüsse abzuwehren. Diese Stoßrichtungen müssen sich nicht ausschließen, denn darüber hinaus könnte eine neue apostolische Tradition auf der Iberischen Halbinsel sich sogar gegen Rom gerichtet haben. Jedenfalls dokumentiert der Hymnus eindrücklich, welche politischen Tendenzen die neu entstandenen Jakobustraditionen, besonders jene von einer Missionierung der Iberischen Halbinsel durch den Apostel, kurz vor der Entdeckung des Grabes am Ende des 8. Jahrhunderts bündelten. Die Abgrenzung von Toledos Vorrangansprüchen und theologischen Positionen war gleichzeitig mit dem Bestreben verbunden, eine allzu große Vereinnahmung durch das Karolingerreich oder durch Rom und das Papsttum mit einer neuen eigenständigen Tradition abzuwehren.

Mithin führte nach 711 weniger eine christlich-muslimische Konfrontation zur Entdeckung des Apostelgrabes, sondern viel eher das durch die neue Ordnung ausgelöste Ringen um politischen und kirchenpolitischen Einfluß der verschiedenen christlichen Gruppen auf der Iberischen Halbinsel. Die Schriften zum Jakobuskult, die diese komplizierte Situation verständlich machen, betrafen die Missionierung durch den Apostel, seine *passio* in Jerusalem, die Übertragung nach Spanien und die Auffindung des Jakobusgrabes.

2. Santiago de Compostela:
Die Karriere einer Stadt am Ende der Welt

Jakobus als Helfer Asturiens und Galiciens

Da die Geschichten zur Missionierung, Translation und Grab-auffindung in einem spannungsreichen politischen und kir-chenpolitischen Umfeld zu Beginn des 9. Jahrhunderts in einen neuen, stimmigen Zusammenhang gebracht wurden, wundert es nicht, daß sie sich auch später noch weiter veränderten und, vor allem bis ins 12. Jahrhundert, teilweise neu geschrieben wurden. Wie sehr zeitgenössische Interessen die Vorstellungen von einer bestimmten frühchristlichen Vergangenheit förderten, wurde im vorigen Kapitel zur politischen Situation im 8./9. Jahrhundert verdeutlicht. Unabhängig von möglichen eigenen Zielen im Lan-de bedeutete die Entdeckung eines Apostelgrabes im lateinischen Westen aber eine sensationelle Neuigkeit, und bald wußten nicht nur die Gelehrten, sondern auch die Gläubigen in Mitteleuropa von dieser Sensation. So nahmen die schon genannten Verzeich-nisse der Festtage von Heiligen und Märtyrern (Martyrologien) zum Namenstag des Heiligen Jakobus am 25. Juli in der zweiten Hälfte des 9. Jahrhunderts zunehmend die Notiz über das Ja-kobsgrab in Compostela auf. König Alfons III. (866–910) fügte in einem freilich nicht ganz unumstrittenen Schreiben an den Klerus der Martinskirche von Tours zu Beginn des 10. Jahrhun-derts eine entsprechende Bemerkung ein.

Zunächst gewann aber Santiago de Compostela im regiona-len Umfeld an Gewicht. Mit der Verehrung des Grabes wuchs der Ort, dessen Entwicklungsstufen sich auch aufgrund archäo-logisch-baulicher Überreste seit dem 9. Jahrhundert gut nach-vollziehen lassen. Für die asturischen Könige von Alfons II. (791–842) bis Vermudo III. (1028–1037) blieb der Apostel Ja-kobus ein wichtiger Fürsprecher. Seine Hilfe und Vermittlung wird in zahlreichen Urkunden erfleht, unter Alfons III. nehmen die Belege zu. Zuweilen wird in diesen Zeugnissen Jakobus als der wichtigste und stärkste Patron oder sogar als Schutzherr der *Hispania* bezeichnet (so in einer Urkunde von 834 «Patron und Herr ganz Spaniens»). Damit wurde indirekt der Anspruch auf die gesamte Iberische Halbinsel dokumentiert, jedoch lassen die Urkunden diesen Patronat seit dem 10. Jahrhundert nur noch selten erkennen.

Die Fürsprache des Heiligen für die Könige des Nordens schloß seit dem 9. Jahrhundert auch zuweilen deren Bitte um Schlachtenhilfe ein, denn ein mächtiger Patron wie Jakobus wurde bei allen wichtigen und entscheidenden Unternehmungen angerufen. Wenn aber die erflehte Hilfe gewährt wurde, so ergab sich daraus die Verpflichtung zu danken. Manche Schenkungen an die Apostelkirche begründeten Könige wie Ordoño II. am 20. April 911 mit dem Dank für gewährte Schlachtenhilfe. Diese Unterstützung gehörte allerdings noch eher in den Zusammenhang des Patronates für Herrscher und Reich. Sie hatte noch wenig mit der später erst klar ausgebildeten Funktion eines Schlachtenhelfers allgemein zu tun. Die in den Dokumenten des 9. Jahrhunderts erkennbare Kombination von Schlachtenhilfe und Danksagung erleichterte aber im 11. und besonders im 12. Jahrhundert den Gedankenschritt, die Abgaben an die Apostelkirche mit der Schlachtenhilfe in einen engeren Zusammenhang zu bringen. Auffälligerweise werden die Zeugnisse für die Bitte um kriegerische Hilfe des Heiligen am Ende des 10. Jahrhunderts und zu Beginn des 11. Jahrhunderts seltener. Dies entsprach den politischen Verhältnissen: Nach den militärischen Auseinandersetzungen dieser Zeit herrschte in der ersten Hälfte des 11. Jahrhunderts zunächst in den Beziehungen von Christen und Muslimen ein durch das System der Tribute stabilisierter Zustand, bis etwa in den sechziger Jahren eine neue Phase christlicher Expansion nach Süden begann.

Gleichzeitig entwickelte sich der Grabesort Compostela seit dem 9. Jahrhundert langsam zum Pilgerort. Bereits Alfons II. und Alfons III. von Asturien gedachten in ihren Urkunden des frühen, noch lokalen Pilgerverkehrs. Sie verliehen der Kirche von Compostela Besitz, der auch die Aufnahme von Armen und

Besuchern sicherstellen oder unterstützen sollte. Besonders intensiv bezog sich Alfons III. auf den Apostel Jakobus, vielleicht auch, weil in den Jahren 880–890 muslimische Heere verstärkt den Norden bedrohten und innere Unruhen die Herrschaft erschütterten. Die notwendige Konzentration der Kräfte im asturischen Reich führte zur Besinnung auf alte (west)gotische Traditionen, aber auch zu einer weiteren Förderung des Jakobuspatronates. Alfons III. ließ daher im Jahr 899 eine neue, größere Kirche in Santiago einweihen, die vielleicht eine frühere, noch unter Alfons II. errichtete Kirche ersetzte. Dieser Bau zeigt, wie sehr die Stadt schon gewachsen war. Ihre Entwicklung zum Pilgerort belegen auch weitere Indizien, so die Stiftung und Ausstattung von Hospizen.

Neue kirchliche und herrschaftliche Strukturen

Der langsame, aber kontinuierliche Aufstieg Compostelas wurde erst im 11. Jahrhundert in Frage gestellt, als die christlichen Reiche der Iberischen Halbinsel wieder stärker in europäische Zusammenhänge gerieten. Nachdem der muslimische Einheitsstaat im Süden der Iberischen Halbinsel, dem seit 929 sogar ein eigener Kalif vorstand, durch innere Streitigkeiten, Aufstände und zentrifugale Kräfte ab 1031/1035 in verschiedene Reiche zerfallen war, die von sogenannten Taifa-Herrschern regiert wurden, ergab sich für die Reiche des Nordens, zu denen neben Asturien-León auch Navarra und verschiedene aragonesische und katalanische Herrschaften gehörten, die Möglichkeit, militärische und ökonomische Überlegenheit zu gewinnen. Durch Tributzahlungen erkauften sich viele Taifa-Herrscher friedliche Nachbarschaft, aber seit den sechziger Jahren des 11. Jahrhunderts wurden die Heere der christlichen Reiche immer erfolgreicher. 1064 eroberten Truppen Ferdinands I. nach langer Belagerung Coimbra. Etwa gleichzeitig wurde im aragonesisch-katalanischen Raum Barbastro eingenommen. Für den leonesisch-kastilischen Raum und in der Konsequenz auch für Santiago erwies sich die Eroberung Toledos 1085 als wesentlich wichtiger, das Alfons VI. von León-Kastilien (1065/72–1109) am

6. Mai 1085 seinem Herrschaftsgebiet einverleibte. Die Einnahme der militärisch ideal geschützten Stadt Toledo bedeutete für die christlichen Reiche Spaniens zugleich einen wichtigen ideologischen Sieg, denn schließlich handelte es sich um die alte Hauptstadt des Westgotenreiches. Toledo stellte damit Orte wie León oder Santiago de Compostela in den Schatten.

Neben anderen Problemen lag hier der Sprengstoff für die Apostelstadt Santiago. Im Zusammenhang mit der Eroberung von Toledo und anderen Orten stand die Wiedererrichtung der römischen Kirchenordnung. Papst Urban II. (1088–1099) gewährte Erzbischof Bernhard von Toledo schon kurze Zeit nach der Eroberung, 1088, den Vorrang in Spanien (Primat) sowie das Recht, als päpstlicher Legat zu handeln. Dies war für Santiago schwer zu akzeptieren, beanspruchte man doch hier, die Reliquien eines Apostels zu verehren. Dieser Anspruch wurde aber nicht nur durch die Entscheidung, Toledo wieder als Primatialsitz einzurichten, sondern weiterhin indirekt auch vom römischen Reformpapsttum mit weiteren Argumenten in Frage gestellt. So schrieb Papst Gregor VII. 1074 in einem Brief an König Alfons VI., daß der Apostel Paulus bzw. seine Schüler im Westen als Glaubensboten gewirkt hätten. Dies betraf natürlich auch die Position von Santiago, denn der spanische Jakobus erhielt in dieser Konzeption keinen Platz.

Die neue Situation führte am Anfang des 12. Jahrhunderts zu Auseinandersetzungen, und es bedurfte nach manchen Wirren eines ehrgeizigen Bischofs wie Diego Gelmírez, um die Ansprüche von Compostela auch wirkungsvoll umzusetzen. Nachdem er 1098/99 den Bischofsstuhl in Compostela bestiegen hatte, verfolgte Diego in mehreren Schritten ein umfangreiches Programm, um sein Bistum angemessen in die neuen Kirchenstrukturen einzufügen. Konnte die neue Oberhoheit des Toledaners vielleicht sogar mit Hilfe des Papsttums abgeschüttelt oder wenigstens neutralisiert werden? Der Besitz der Apostelreliquien diente dabei als argumentative Waffe.

Schon vor dem Episkopat Diegos soll Papst Urban II. 1095 die endgültige Verlegung des Bischofssitzes von Iria nach Compostela bestätigt und das Bistum eximiert, also aus dem Verband einer Kirchenprovinz gelöst haben. Damit unterstand Compostela – wenn das Privileg echt ist – keinem Metropoliten mehr, sondern nur noch dem Papst. Erreicht wurde die Erhöhung zum Erzbistum in mehreren Etappen: 1104 oder 1105 wurde Diego mit dem Pallium ausgezeichnet, einem Ehrenzeichen, das normalerweise nur Erzbischöfen verliehen wurde, 1120 übertrug Papst Calixt II. ihm die Erzbischofswürde bis zur Wiedereroberung der alten Metropole Mérida, 1124 bestätigte derselbe Papst diesen Status auf ewige Zeiten.

Das Papsttum wurde so zeitweise zum wichtigsten Helfer Diegos, und die ihm weitgehend gewogene Bistumsgeschichte (*Historia Compostellana*) erzählt aus freilich parteiischer Perspektive über Vorgehensweisen und Ergebnisse. Für alle Vorrechte und Rangerhöhungen, die Compostela unter Diego Gelmírez in gut zwanzig Jahren erreichte, ist ständig auf den Besitz der Apostelreliquien verwiesen worden. Eindringlich wird dies in der *Historia Compostellana* geschildert. Im dritten Kapitel des zweiten Buches, das aus der Feder des Magisters Girald stammt, lautet die Kapitelüberschrift «Wie dieser frühere Bischof zur Erlangung der Erzbischofswürde strebte». Überall, so heißt es dort, hätten Kirchen mit einem Apostelgrab zumindest den Rang eines Erzbistums, nur Compostela nicht. Dies sei um so ungerechter, als doch der Apostel Jakobus zusammen mit Petrus und Johannes an verschiedenen Stellen der Bibel aus der Schar der übrigen Apostel hervorgehoben werde. Die bisherige Mißachtung erklärt der Verfasser damit, daß römische Reserven gegenüber einem weiteren Apostelsitz im Westen bestünden, die dem Bischof von Compostela oder zumindest dem Verfasser dieser Passagen, offensichtlich bewußt waren. Ganz unbegründet waren diese römischen Bedenken wohl nicht, aber trotz dieser Vorbehalte begründete man die besondere Würde Compostelas auch Rom gegenüber immer wieder mit dem Grab und den Gebeinen des Apostels Jakobus. In zahlreichen Urkunden und anderen Quellen wird der Besitz der Apostelreliquien entsprechend beständig hervorgehoben. Die päpstlichen Schreiben für Compostela griffen diese Argumentation auf. In den Urkunden Papst Urbans II. und Paschalis' II. (1099–1118) wird unterstrichen, man «glaube» (*creditur*), der Apostelleichnam ruhe in Compostela. Interessanterweise fehlt dieses einschränkende Wort seit den Urkunden Calixts II. (1119–1124). Bei dieser Entwicklung könnte auch die Person des Papstes eine Rolle gespielt haben, auf die später noch einzugehen ist.

Der Reliquienbesitz legitimierte weitere Neuerungen an der Bischofskirche in Santiago de Compostela. Die von Diego neu organisierte Kanonikergemeinschaft überragte laut der *Historia Compostellana* wegen des Apostelleichnams alle anderen spanischen Domkapitel. Die Zahl der Kanoniker (Chorherren) war entsprechend der Zahl der Jünger Jesu auf 72 erhöht worden. Dies zeigt aber auch die inzwischen große Bedeutung und den Reichtum der Kirche von Compostela, denn vergleichbare Kathedralkirchen erreichten selten die Zahl von 50 Kanonikern. Den besonderen Rang der Apostelkirche unterstrichen weitere päpstliche Privilegien. So soll Papst Paschalis II. die Erhebung von sieben Kardinälen erlaubt haben, denen das Vorrecht gewährt wurde, die Messe am Jakobusaltar zu zelebrieren; weiterhin gestattete er den Kanonikern, an Festtagen die Mitra zu tragen. Bei den verschiedenen Maßnahmen und Privilegierungen sind zwei Tendenzen bedeutend: der zunehmende Vorrang Compostelas vor anderen spanischen Kirchen sowie die Annäherung an römische Gebräuche oder sogar deren Imitation, weil man Compostela wie Rom als einen Apostelsitz ansah.

Die Übernahme römischer Traditionen betraf auch die für Spanien neue römische Liturgie und das kanonische Recht in Compostela. Liturgische und rechtliche Bücher werden in den Quellen der Zeit mehrfach genannt. So widmete Gregor von Crisogono in Rom eine Rechtssammlung dem Bischof von Santiago de Compostela. Das römisch geprägte kanonische Recht unterstützte Diego Gelmírez besser als das westgotische bei seinem Bestreben um Erhöhung seines Sitzes. Es legte viele Entscheidungen in die Hände des Papstes und entzog sie so Auseinandersetzungen mit spanischen Konkurrenten. In Compostela machte man also zu Beginn des 12. Jahrhunderts verstärkt den Besitz der Apostelreliquien geltend und benutzte außerdem die neuen römischen Formen und Gebräuche, um sich an der Seite des Papsttums gegen spanische Konkurrenten durchzusetzen. Die Kombination beider Verhaltensweisen führte dazu, daß viele Vorrechte dem römischen Vorbild angeglichen erschienen und damit der Apostelsitz – ob gewollt oder ungewollt – in eine Parallele zum römischen Sitz geriet. Hier waren – im Falle «überzogener Apostolizität» – Konflikte mit Rom, eventuell auch mit spanischen Konkurrenten vorprogrammiert.

Wege zur Erzbischofswürde

Die Reconquista und Neustrukturierung von eroberten Räumen schuf Gelegenheiten, um auch die kirchenpolitische Landkarte zugunsten von Compostela neu zu gestalten. Nachdem Versuche Diegos, Braga die Metropolitanrechte abzujagen, gescheitert waren, bot sich die alte Metropole Mérida an. Sie lag in noch muslimisch beherrschtem Gebiet, hier gab es einen Ansatzpunkt. Die Übertragung der Metropolitanrechte von Mérida auf Santiago war jedoch nicht ohne Schwierigkeiten zu bewerkstelligen, denn damit wurden Ansprüche von Toledo verletzt, die der dortige Erzbischof auch einforderte. Betroffen war weiterhin die Metropole Braga, die traditionell die kirchlichen Rechte im Westen der Iberischen Halbinsel wahrnahm.

Als der Erzbischofssitz in dem benachbarten Braga gerade verwaist war, ließ Diego bei Papst Gelasius II. (1118–1119) durch zwei von Compostela nach Jerusalem ziehende Kanoniker anfragen, ob Bragas Erzbistumswürde nach Compostela übertragen werden könne. Gelasius bat daraufhin um Unterstützung der römischen Kirche. Diego verstand schnell und sandte 120 Goldunzen. Wegen der Gefahren der Reise durch das Gebiet des verfeindeten Aragonesen gelangte jedoch erst eine besonders vorsichtig operierende zweite Botenschar mit hundert Goldunzen nach Südfrankreich. Aber der Tod des Papstes und die Wahl des Nachfolgers Calixt II. in Cluny 1119 schufen neue Voraussetzungen, denn der neue Papst war durch verwandtschaftliche und andere Beziehungen Galicien und Compostela persönlich verbunden. Auch für ihn bot man in Compostela große Geschenke auf: Eine goldene Truhe, 211 Poiteviner Schillinge, sechzig Mailänder Münzen und zwanzig Tolosaner Schillinge gehörten unter anderem zu den Gaben, die auf schwierigen Wegen nach Südfrankreich gelangten. Papst Calixt II. vertagte auf einem Konzil in Toulouse jedoch die Entscheidung und erklärte den Boten aus Santiago, ihr Bischof müsse persönlich zu einem weiteren Konzil in Reims kommen, nur dort könne über eine mögliche Rangerhöhung des Sitzes entschieden werden. Daraufhin überreichte man dem Papst nur zwanzig Unzen und gab die übrigen Schätze Abt Pontius von Cluny zur Aufbewahrung.

Diego schickte schließlich stellvertretend Hugo von Porto, einen früheren Kanoniker aus Compostela, zum Konzil, der dem Papst in Cluny nun vorschlug, die Erzbischofswürde des noch nicht von den Muslimen eroberten Mérida auf Compostela zu übertragen. Erst nach den Bitten zahlreicher Personen, darunter vieler Kardinäle, soll der Papst schließlich Compostela die Metropolitanrechte Méridas bis zur Rückeroberung sowie die päpstliche Legation für die Metropolitangebiete von Braga und Mérida angeboten haben. Neue Boten aus Compostela brachten weiteres Geld: Weihegaben wurden eingeschmolzen und der Betrag von 260 Silbermark und andere Geschenke verschiedenen Pilgern mitgegeben. Der Papst stellte schließlich am 26. Februar 1120 das begehrte Privileg aus.

Da eine solche Urkunde auf Kosten von anderen ging, mußte Diego weiterhin aktiv bleiben. Deshalb sandte er weitere Geschenke, um die verliehene Würde auf ewig zu erlangen. 1124 schickte er mit Bittbriefen vierhundert Goldstücke. Calixt II. händigte nun eine zunächst unbesiegelte Urkunde aus, die in Santiago überprüft und gegebenenfalls ergänzt werden sollte, und tatsächlich wurde der Text in Compostela noch in einigen Punkten verändert oder präzisiert, bis nach weiteren Geldzahlungen am 23. Juni 1124 ein Privileg ausgestellt wurde, das die Metropolitanwürde für immer verlieh und die Bistümer Coimbra, Salamanca und Avila dem neuen Erzbistum unterstellte.

Diegos Erfolg basierte nicht nur auf Argumenten, sondern auch auf den verwandtschaftlichen Beziehungen wichtiger Kreise aus Compostela zu Calixt II. sowie auf üppigen Geschenken. Diese waren vor allem deshalb möglich, weil die Kirche von

Santiago durch Weihegaben, vor allem von Pilgern, inzwischen zu den reichsten der Iberischen Halbinsel gehörte, wie die Herkunft der Münzen zeigt. Das Gewicht der Kirche von Compostela entwickelte sich nicht nur aus den eigenen Traditionen und Argumenten, sondern speiste sich auch aus den zunehmenden europäischen Pilgerschaften, denn die Pilger mehrten nicht nur den Reichtum der Apostelstadt, sondern verstärkten auch das Renommee des Ortes in ganz Europa.

Königtum und Apostelgrab

An der Erhöhung des Bischofssitzes von Santiago de Compostela waren auch weltliche Kreise nicht uninteressiert. 1087 bestellte König Alfons VI., der selbst mit einer burgundischen Grafentochter verheiratet war, den burgundischen Adeligen Raimund zum Grafen von Galicien, der kurz darauf Urraca, Alfons' Tochter, ehelichte. Dieser Raimund hatte die Karriere Diegos maßgeblich gefördert, sein Bruder Guido wurde später Erzbischof von Vienne und 1119 zum Papst Calixt II. erhoben. Für Raimunds Sohn, den späteren Alfons VII., wurde Bischof Diego Gelmírez Taufpate und sorgte besonders nach dem Tod Raimunds (1107) für dessen Erziehung. Alfons VII. behielt ein enges Verhältnis zur Apostelkirche. 1111 wurde er vor dem Jakobsaltar zum König erhoben und erhielt Pfingsten 1124 die Schwertleite in Compostela. Taufpatenschaft, Königserhebung und Schwertleite (Ritterschlag) waren die wichtigsten symbolischen Akte, die den jungen König mit der Apostelkirche eng verbanden. Nachdem er die Herrschaft im gesamten Reich Kastilien-León 1126 angetreten hatte, versuchte er, sich stärker aus seinen Bindungen mit Compostela zu lösen, aber 1127 kam es nochmals zu einem engen Schulterschluß mit der Apostelkirche. In einer Urkunde heißt es, Alfons sei zum Gebet und zur Verehrung nach Compostela gekommen, aber er brauchte auch finanzielle Unterstützung. Dafür forderte Diego einen Preis: Wie sein Vater Raimund sollte Alfons VII. Compostela zur Grablege erwählen, außerdem könne er vollwertiges Mitglied der Kanonikergemeinschaft von Compostela werden.

Wurde in zahlreichen königlichen Dokumenten die Vorrang-
stellung der Kirche in Compostela gegenüber allen weiteren
Spaniens unterstrichen, so sollte vor allem die Grablege Compostela langfristig zu einem mit dem Königtum eng verbunde-
nen Ort machen. Diese Rechnung ging nicht ganz auf, denn Alfons VII. wurde nach seinem Tod 1157 in Toledo bestattet, aber
zumindest waren die Weichen für die zweite Hälfte des 12. Jahrhunderts gestellt.

Obwohl Alfons VII. in der Schlußphase seiner Regierungszeit
die Kirche von Compostela nicht mehr erkennbar bevorzugt
hatte, führte doch die Trennung der Reiche von León und Kastilien in den Jahren 1157 bis 1230 dazu, das Gewicht Compostelas im leonesischen Reich deutlich zu steigern. Ferdinand II.
von Léon (1157–1188) knüpfte an bestehende Traditionen an,
wenn er dem Erzbischof von Compostela die Kanzlerwürde verlieh und die Apostelkirche zu seiner Grabesstätte erwählte. Er
bezeichnete sich oft als Bannerträger des Apostels und nannte
Compostela das Haupt der gesamten *Hispania*. Offensichtlich
bevorzugte Ferdinand II. Compostela auch gegenüber der Stadt
León. Dies blieb nicht ohne Widerspruch. So könnte man jedenfalls die Ereignisse nach dem Tod Ferdinands II. 1188 deuten.
In einer Urkunde seines Nachfolgers Alfons IX. (1188–1230)
vom 4. Mai 1188 lesen wir, wie sehr der heilige Jakobus in
Schlachten geholfen, wie sehr sein Vater den Grabesort durch
Schenkungen ausgezeichnet habe. Außerdem habe er Santiago
zur Grablege erkoren, schließlich sei Jakobus auch sein Patron
und derjenige des Reiches gewesen. Aber, so berichtet die Urkunde weiter, einige Personen hätten den Leichnam seines Vaters mit Gewalt weggeführt, um ihn woanders beizusetzen.
Waren dies die Parteigänger von León, wo im 11. Jahrhundert
beispielsweise im Panteón der Kirche San Isidoro die Gebeine
Ferdinands I. ruhten? Jedenfalls brachte Alfons IX. die sterb-
lichen Reste seines Vaters nach Compostela, wo für die Herrscher eine eigene Kapelle errichtet wurde. 1211 stiftete Alfons IX. sogar die Einkünfte für den Unterhalt eines Kapellans,
der für das Seelenheil der königlichen Familie täglich eine Messe lesen sollte.

Abb. 2   Die Westfassade der Kathedrale von Santiago de Compostela läßt erkennen, daß der Kirchenbau auf einem Hügel errichtet wurde. Hinter der barocki-
sierten Fassade verbirgt sich der romanische Kathedralbau.

Die Bedeutung, die Compostela in der Zeit der leonesischen
Könige erreichte, betraf auch die bauliche Ausstattung. Nachdem die romanische Kathedrale 1075 begonnen und in den folgenden Jahrzehnten weitgehend fertiggestellt worden war, fand
die Gestaltung des Westportals 1188 ihren Abschluß. Ferdi-

Abb. 3   Auf dem Mittelpfeiler des Pórtico de la Gloria ist Jakobus sitzend mit Schriftrolle und einem Stab in Tau-Form abgebildet, seinen wichtigsten Insignien als Missionar der Iberischen Halbinsel. Der von Meister Mateo geschaffene Pórtico de la Gloria wurde 1188 vollendet.

nand II. erlebte die Vollendung des aufwendigen Pórtico de la Gloria 1188 zwar nicht mehr, aber er hatte die Arbeiten maßgeblich gefördert. Dem Meister Mateo gestand Ferdinand am 22. Februar 1168 zu Baubeginn des Portals lebenslang die jährlichen Einkünfte von hundert Maravedis zu. Die Gestaltung des Portals zeigt deutlich, wie sehr Compostela als apostolischer Sitz gedeutet wurde. Von zwei Löwen flankiert sehen wir einen sitzenden Jakobus, der aufgrund seiner Haltung mit der von byzantinischen Einflüssen geprägten päpstlichen Cathedra verglichen werden könnte. Manche Kunsthistoriker sehen Ähnlichkeiten mit dem Sitz, den Papst Calixt II. für die römische Kirche S. Maria in Cosmedin in Auftrag gab. Jakobus hält auch den Stab in der Form des griechischen Buchstabens *tau*, was auf die Missionierung der Apostel verweist und nichts mit einem Pilgerstab oder ähnlichen Zeichen zu tun hat.

3. Pilgerführer und Jakobspilger

Die Geldgeschenke und Schätze, die im Vorfeld der Erhöhung des Sitzes von Compostela nach Frankreich gebracht werden mußten, transportierten die bischöflichen Boten auf einem Weg, den man gewöhnlich «Jakobsweg» nennt. Ihn sollen die meisten Pilger, die seit dem 10. Jahrhundert zunehmend auch aus Gebieten nördlich der Pyrenäen kamen, genutzt haben.

Blickt man auf eine Karte Spaniens und Europas, so wird schnell deutlich, wie sehr sich der bisher beschriebene Grabesort Compostela in einer Randlage befindet. Die Konsequenzen liegen auf der Hand. Auf der Iberischen Halbinsel im äußersten Nordwesten gelegen, war es für einen Ort wie Compostela schwierig, bei fortschreitender Reconquista nach Süden in Konkurrenz zu neu eroberten Städten weiterhin Einfluß zu wahren; in einem geeinten kastilisch-leonesischen Reich blieb es besonders schwer, sich gegenüber Zentren wie Toledo oder Sevilla zu behaupten. Diese geopolitische Grundvoraussetzung machte die Bemühungen Compostelas im 12. Jahrhundert besonders kompliziert und führte nur in einer Zeit, als das leonesische Reich in der zweiten Hälfte des 12. Jahrhunderts für den Einfluß Compostelas deutlich günstiger zugeschnitten war, zu einer gewissen Entlastung. Trotzdem hielten die Kämpfe zwischen Santiago, Toledo und Braga um Positionen in der kirchlichen Hierarchie bis ins 13. Jahrhundert an.

Die Randlage Compostelas ist aber auch aus einer europäischen Perspektive offensichtlich. Die Apostelstadt lag am Ende der damals bekannten Welt, weshalb das westlich von Santiago liegende Kap vielfach als *Finis terrae*, Ende der Welt, bezeichnet wurde. Compostela befand sich an keiner Durchgangsstraße, allenfalls der Schiffsweg verband Galicien etwas direkter mit dem übrigen Europa. Die alte Römerstraße von den Pyrenäen führte vor allem in die Gegend von Astorga, eine Fortsetzung

bis in das nahe gelegene Lugo, wie Astorga eine römische Gründung, berührte Compostela oder die unmittelbare Nähe nicht.
Wenn aber Compostela so weit abgelegen war, wie konnte man
den Ort für Pilger attraktiv machen? Warum zogen und ziehen
Pilger überhaupt zu fernen Heiligtümern?

Warum pilgern?

Pilger sein heißt Fremder sein, dies ist jedenfalls die klassische
Bedeutung des lateinischen Wortes *peregrinus*. Das Phänomen
des Pilgerns ist nicht auf die christliche Religion beschränkt, im
Christentum erlangte es jedoch vor allem im Mittelalter eine
Blütezeit und wurde zu einer der dominierenden Frömmigkeits-
formen. Die Motive der Pilger waren vielfältig und werden in
den Quellen meist nicht explizit genannt. Die Typologien, die
zum Beipiel Dante, Pierre von Joncels oder Alfons der Weise im
13. und 14. Jahrhundert bieten, erfassen nur einige Aspekte,
außerdem mischten sich die Motive meistens. Das Rechtsbuch
der «Siete Partidas» Alfons' des Weisen unterscheidet folgende
Typen von Pilgerfahrten: a) aus freiem Willen, b) aufgrund eines
Gelöbnisses, oder c) aus Buße. Die beiden ersten Typen von Pilgerfahrten betreffen eher freiwillig unternommene, denen die
meist erzwungenen Buß- oder Strafpilgerfahrten gegenüberzu-
stellen wären, wobei man zuweilen auch eine Buße freiwillig auf
sich nehmen konnte.

Die Motive der Pilger hingen zugleich von religiösen und von
nichtreligiösen Vorstellungen und Zielen ihrer Zeit ab. Die Vielfalt läßt sich zumindest näherungsweise erkennen, wenn die
verschiedenen Konzeptionen von Pilgerfahrten kurz vorgestellt
werden. Das Leben als Pilgerfahrt zur ewigen Heimat anzuse-
hen ist eine biblische Tradition. Der Satz *Vita est peregrinatio*,
der auf das menschliche Erdenleben als Unterwegssein zu
himmlischen Freuden zielt, entsprach vor allem theologischem
Denken und dürfte zumeist programmatisch verstanden worden sein, wurde aber auch konkret umgesetzt, so vom frühen
Mönchtum im Osten oder den irischen *Monachi peregrini*
(Wandermönche), die besonders im 6. bis 8. Jahrhundert um

der Nachfolge Christi willen auf dem Kontinent umherzogen. Daneben trat schon bald die Pilgerfahrt zu Heiligen Orten. Bereits Hieronymus bemerkte im 5. Jahrhundert, daß man die Bibel besser verstehen könne, wenn man die jeweiligen Orte gesehen habe, an denen sich Heilsgeschichte ereignet habe. Jerusalem wurde so zu einer Art Urpilgerort der Christenheit. Neben den biblischen Traditionen für Jerusalem und das «Heilige Land» hat aber vor allem der Grab- und Reliquienkult, der seit dem 6. Jahrhundert auch im Westen an Bedeutung gewann, die Vorstellung besonderer heiliger Orte unterstützt. Die Grabesstätte eines Heiligen wurde immer wichtiger, denn man maß den Körpern der Märtyrer und den Überresten der Heiligen auch nach deren Tod übernatürliche Kräfte zu, wie dies der Kanon des zweiten Konzils von Nikäa (787) indirekt bestätigte. Mit dem zunehmenden Reliquienkult in der Karolingerzeit verbreitete sich der Besuch von heiligen Orten. Man glaubte nicht nur, daß an den Gräbern der Märtyrer und Heiligen die besondere Wirksamkeit Gottes durch diese Heiligen offenbar werde, sondern auch, daß durch Wunder Gebrechen geheilt, Wünsche erfüllt oder Sünden vergeben würden.

In Rom teilte man seit der Mitte des 8. Jahrhunderts bereitwillig auch römische Reliquien an Bittsteller aus. Neben schon bestehende traten nun weitere Kultzentren; ganz Europa wies bald in großer Zahl Orte auf, die Pilger anzogen, darunter seit dem 9. Jahrhundert auch Santiago de Compostela. Dabei variierte der Einzugsbereich, gab es Konkurrenz sowie gewisse Konjunkturen. Gaben und Gegengaben, eventuell sogar Diebstahl von Reliquien, bestimmten das Bild. Mit etwas Glück konnten Pilger sogar einen Teil der heilkräftigen Reliquien erwerben oder zumindest eine Berührungsreliquie mitnehmen. Berichte von Pilgern, die heimlich nachts etwas vom Leichnam des verehrten Heiligen abbissen, sind überliefert.

Die Zunahme von Fahrten, um verehrungswürdige Reliquien an bestimmten Orten und Zielen zu besuchen, spiegelt sich auch in der Wortgeschichte: Der Begriff *peregrinatio* im Sinne des Fremdseins ganz allgemein gewann zunehmend eine zielgerichtete Konnotation. Trotz der Zweifel einiger Personen blieb ne-

ben einer allgemeinen Reliquienverehrung ein Argument in breiten Bevölkerungskreisen ausgesprochen durchschlagend: die
an den Gräbern der Heiligen gewirkten Wunder. Sie zogen die
Pilger auf die Straßen. Berichte hierüber wurden mündlich und
schriftlich verbreitet. Mirakelbücher und -sammlungen der Ver-
ehrungsorte sind für die Frage der Pilgermotivationen besonders
im frühen und hohen Mittelalter zentrale Quellen. Die Suche
von Seelenheil und körperlichem Heil – nach Heiligung und Heilung – lagen eng beisammen. Die zahlreichen Mirakelsammlun-
gen im christlichen Okzident, die Tausende von Wundern über-
liefern, bezeugen viele sehr konkrete Hilfen der jeweiligen Heiligen. Die Wunderberichte lassen zuweilen sogar die Konkurrenz
der Kultzentren erkennen. So erzählt zum Beispiel eine Wundergeschichte des 12. Jahrhunderts davon, wie Jakobus einen Menschen wieder zum Leben erweckt haben soll, und der Aufzeichner argumentiert: Die Macht des heiligen Jakobus ist größer als
die des heiligen Martin von Tours, denn Martin habe nur zu Leb-
zeiten Tote erweckt, aber nicht mehr nach seinem Tode. Indirekt
verweist diese Konkurrenz zugleich auf wirtschaftliche Aspekte
der Pilgerfahrten. Die Kultagenten suchten Pilger anzulocken,
weil sie für ihre Kirche und ihren Ort nicht nur Prestige, sondern
auch wirtschaftlichen Wohlstand bedeuteten. Architektur, Stadt-
entwicklung und anderes hingen – wie auch im Falle Compostelas – oft mit den Folgen der Pilgerfahrt zusammen.

Wie direkt und weltlich auch der Handel mit dem Jenseits
aussehen konnte, zeigt folgende Mirakelerzählung: Ein kinder-
loses Paar unternahm eine Pilgerfahrt nach Santiago de Compostela, um durch Gebete und Gaben um Nachwuchs zu bitten.
Ein Sohn ließ nicht lange auf sich warten, und mit 15 Jahren
ging er mit den Eltern erneut auf Pilgerfahrt, um zu danken. Als
der Sohn unterwegs schwer erkrankte, rief die Mutter ihren
Wunderhelfer, den Apostel Jakobus an: «Lieber Jakobus, dem
der Herr die Kraft gegeben hat, mir einen Sohn zu schenken,
gibt ihn mir nun zurück.» Und dann heißt es weiter: «Wenn Du
ihn mir nicht gibst, werde ich mich auf der Stelle selbst töten.»
Es ist erstaunlich, wie fordernd der Wunsch nach Nachwuchs,
die Kranken- oder Totenerweckung sowie schließlich die im

Mittelalter wohl in diesem Genre singuläre Selbstmorddrohung vorgetragen wurde. Hier zeigt sich eine sehr materielle religiöse Mentalität, die mit dem gängigen spirituellen Bild eines frommen Pilgers sicherlich kaum treffend umschrieben ist. Dies heißt jedoch nicht, daß diese Pilger nicht auch für ihr Seelenheil unterwegs waren, aber das dahinterstehende Verständnis unterschied sich deutlich von heutigen Vorstellungen.

Demgegenüber zeigen andere Geschichten, daß eher das seelische, weniger das körperliche Heil zu den Motivationen der Pilger gehörten oder gehören sollten. Die Aufzeichner von Mirakeln unterstreichen immer wieder die Heilung an Leib und Seele: Man könne an ihrem Heiligtum neben körperlicher Heilung vor allem die Vergebung der Sünden erlangen. Eine weitere Erzählung aus der Mirakelsammlung des heiligen Jakobus berichtet, wie ein Kaufmann aus Barcelona zum Grabe des Apostels ging und um Schutz vor Feinden während seiner Reisen bat. Bald wurde er in der Nähe von Sizilien von sarazenischen Freibeutern ergriffen und dreizehnmal weiterverkauft. Als er schließlich nach Almería kam, rief er seinen Heiligen erneut an, und dieser antwortete ihm in einem Traumgesicht: «Weil du in meiner Basilika damals nur Schutz für deinen Körper, nicht für deine Seele erfleht hast, bist Du in alle diese Gefahren geraten. Trotzdem hat der Herr Erbarmen mit Dir und hat mich geschickt, um dich erneut zu befreien.» Der Autor der Geschichte will offensichtlich didaktisch auf Leser und Hörer wirken, aber dennoch wird zwischen den Zeilen deutlich, wie konkret die Erwartungen der Bittsteller waren.

Die Gewährung von Wunderhilfe sowie der Wunsch nach Selbstheilung dürfen sicher als die beiden Grundmotivationen für die freiwillig unternommenen Pilgerfahrten im Mittelalter gelten. Die Entwicklung der Ablässe seit dem 11. Jahrhundert hat diese beiden Grundmotivationen ergänzt, aber nie ganz verdrängt. Erst seit dem 14. Jahrhundert werden häufiger Ablässe erwähnt, selten jedoch als eine individuelle Motivation. Wichtiger wurden die Ablässe vor allem im Zusammenhang mit dem sogenannten «periodischen Pilgern» seit dem 14. Jahrhundert. Dies wurde in großem Stil erstmals 1300 in Rom praktiziert.

Nach dem weitgehenden Abschluß der Kreuzzüge am Ende des 13. Jahrhunderts nahmen 1299 die Gerüchte zu, man könne im nächsten Jahr durch den Besuch der Peterskirche in Rom große Ablässe gewinnen. Bonifaz VIII. erließ jedoch erst am 22. Februar 1300 eine Bulle, in der er auf die großen Ablässe früherer Zeiten einging und allen, die während des Jahres die Basiliken Peter und Paul an dreißig aufeinanderfolgenden Tagen, als Auswärtige nur an fünfzehn Tagen, besuchten, den vollsten Ablaß gewährte, wenn sie zuvor reumütig ihre Sünden gebeichtet hätten. Damit war der Erlaß einer zeitlichen Strafe für Sünden gemeint, die hinsichtlich der Schuld schon getilgt waren. Die höchste Form des Ablasses war der vollkommene oder Plenarablaß, den Papst Urban II. erstmals den Kreuzfahrern gewährt haben soll. Diesen vollkommenen Ablaß versprach 1300 Bonifaz VIII. allen Rompilgern; dabei muß man wohl die Formulierung «vollkommen» so interpretieren, daß damit die höchste Form der Vergebung gemeint war, die ein Papst überhaupt zugestehen konnte. Der Erfolg und die Beliebtheit der Heiligen Jahre in Rom war so groß, daß man wohl deshalb die Intervalle zwischen den römischen Heiligen Jahren auf fünfzig Jahre, bald sogar auf 33 und seit 1475 auf 25 Jahre verringerte.

Diesen Erfolg wollten andere Zentren nicht Rom allein überlassen und folgten in den folgenden Jahrhunderten dem römischen Vorbild, meist mit einem etwas anderen System. In Santiago mußte zum Beispiel der Festtag des Heiligen (25. Juli) mit einem Sonntag zusammenfallen, was eine deutlich häufigere Frequenz der Heiligen Jahre zur Folge hat. Die Pilger, die sich in diesen Jahren auf den Weg machten, dürften neben dem Wunsch nach Selbstheiligung, Verlangen nach Wundern oder Ablässen zugleich auch einem allgemeinen Trend ausgesetzt gewesen sein.

Die bisher genannten Pilgerformen und Motivationen betrafen in der Regel Personen, die sich freiwillig auf den Weg machten. Diesen Pilgerreisen lassen sich die von kirchlichen oder gar weltlichen Instanzen verordneten Buß- oder Strafpilgerfahrten gegenüberstellen, die zwar schon im Frühmittelalter bekannt waren, aber vor allem im Spätmittelalter weiter zunahmen. Besonders in den Niederlanden und in Norddeutschland wurden nicht nur von kirchlichen Institutionen, sondern auch von weltlichen Gerichten Missetäter strafweise auf Pilgerfahrt geschickt. In eine ähnliche Kategorie gehören Auftrags- oder Delegationspilger, die für andere Personen oder sogar für Verstorbene reisen. Hier dürfte die Bezahlung eine Rolle gespielt haben, sollten sie doch hauptsächlich für das Seelenheil derjenigen reisen, welche diese Fahrten durch Geldstiftungen dotiert hatten. «Zum Troste meiner Seele» heißt es in vielen Testamenten, in denen eine bestimmte Summe für verschiedene Pilgerfahrten verfügt wurde.

Von diesen Mietpilgern war es nur noch ein kleiner Schritt zu den sogenannten falschen Pilgern, die vor allem durch die Pilgerkleidung versuchten, an den Privilegien der echten Pilger zu partizipieren. Mit «Muschelbrüder» oder «Jakobusbrüder» meinte man seit dem ausgehenden Mittelalter eher Landstreicher und Gesindel als fromme Pilger.

Schon dieser kurze Abriß dürfte deutlich gemacht haben, daß Pilger auch früher nicht nur aus religiösen Gründen aufbrachen. Allerdings ist das moderne Verständnis von «religiös» auch hinderlich, denn Religiöses und Weltliches lassen sich im Mittelalter nicht in gleicher Weise wie heute scheiden. Reiselust, Fernweh, Sorgen in der Heimat und wirtschaftliche Motive dürften vielfach den Entschluß zu einer Pilgerfahrt gefördert haben. So heißt es zum Beispiel von Pilgern, daß sie mit ihrer Reise der gerade wütenden Pest entgehen wollten; dies bekennt der Nürnberger Humanist Hieronymus Münzer 1494/95. Der Erzbischof Hugo von Reims suchte mit seiner Pilgerfahrt 961 unter anderem, sich einer erneuten Exkommunikation auf einem Konzil zu entziehen, und ein verschuldeter Schneider aus der Picardie machte sich aus Angst vor seinen Gläubigern auf den Weg.

Neben der möglichen Verbindung von Pilgerfahrt und Handelsreise wird, besonders seit dem 15. Jahrhundert, eine weitere Motivation aus den überlieferten Pilgerberichten erkennbar. Die Suche nach Ansehen und Welterfahrung trieb Adelige, aber zuweilen auch Bürger, von zu Hause fort. Ob Pilgerheimkehrer grundsätzlich ein höheres Ansehen genossen, ist noch nicht umfassend untersucht worden. Die erhaltenen Epitaphien oder andere Formen der Memoria wie Nachbildungen und Bauten legen dies aber nahe. Die Pilgerberichte von Adeligen und Bürgern zeigen zudem, daß diplomatische Aufträge, wissenschaftliche Erkundungen, Handelskontakte, Ehre, standesgemäßes Unterwegssein und andere Aspekte sich zwanglos mit dem Besuch eines bedeutenden Pilgerzentrums wie Compostela verbinden ließen.

Besondere Wege für Pilger?

In den Reigen der zahlreichen heiligen Orte, die manchmal nur lokale Ausstrahlungskraft, zuweilen aber auch ein sehr weites Einzugsgebiet, wie das Grab des heiligen Martin in Tours, besaßen, reihte sich seit dem 9. Jahrhundert auch Santiago de Compostela ein. Man konnte den Besitz von Apostelreliquien geltend machen, was den Rang des Zentrums grundsätzlich hob, ja sogar in die Nähe der Apostelgräber von Petrus und Paulus in Rom rückte. Heilige waren keinesfalls gleichwertig, denn die Hierarchie auf Erden setzte sich auch im Himmel fort. Diese starke Position Compostelas konnte aber nur wirken, wenn sie mündlich oder schriftlich verbreitet wurde.

Die ersten Pilger, die aus Gegenden nördlich der Pyrenäen kamen, sind seit dem 10. Jahrhundert belegt, dabei stehen Pilger aus dem heutigen französischen Raum im Vordergrund, gefolgt von Gläubigen aus Deutschland und Italien. Wenn sie die Pyrenäen überquert hatten, und dies geschah meistens über den Somportpaß, in der Nähe von Jaca, folgten sie in Nordspanien lange Zeit einer alten Römerstraße. Dieser Weg durch den Norden der Iberischen Halbinsel war bis in die Spätantike wichtig geblieben, weil die Bodenschätze in der Nähe von Ponferrada (Las Medulas) in römischer Zeit in Richtung Gallien und Italien transportiert werden mußten. Diese Straßen verfielen aber, als sie nicht mehr in großem Umfang genutzt und gepflegt wurden. Die *Historia Silensis* von etwa 1115 bemerkt, Sancho der Große von Navarra (1004–1035) habe zu Beginn des 11. Jahrhunderts die Wege und Straßen verbessert, um militärische Züge im Zusammenhang mit den Kämpfen gegen die Muslime besser durchführen zu können. Möglicherweise ist diese Notiz sogar schon auf einen Vorgänger Sanchos zu beziehen; wichtig ist, daß die alte Römerstraße mit kleineren Abweichungen auch für militärische Unternehmungen genutzt wurde. Militärische Züge auf der alten Straße in den Nordwesten Spaniens unterstreichen auch die Bemerkungen in der noch vorzustellenden Geschichte über die Züge Karls des Großen in Spanien, die spätestens im 12. Jahrhundert aufgezeichnet und in den *Liber Sancti Jacobi* integriert wurde. Dort heißt es mehrfach, daß die Jakobsstraße die Truppen Karls und der Muslime trennte.

Die dritte wichtige Funktion des Weges durch Nordspanien war der Handel. Ein Zolltarif von Jaca aus dem ausgehenden 11. Jahrhundert zeigt, wie die Paßübergänge und Straßen wirtschaftlich genutzt wurden. Das Dokument führt die verschiedensten Produkte auf, die mit Zoll belegt wurden, und nennt interessanterweise neben den zollpflichtigen Kaufleuten auch eigens die Pilger, die vom Zoll befreit werden müßten. Daneben notiert er sogar noch eine dritte Personengruppe: die Pilgerkaufleute. Sie sollten weitgehend vom Zoll befreit sein. Was sie für den Hin- und Rückweg nach Compostela benötigten, sei frei, der Rest der mitgeführten Waren sei mit Zoll zu belegen.

Neben römische Traditionen, militärische Funktionen und wirtschaftliche Nutzungen trat als vierter Punkt, daß die Pilger diese vorhandene Achse nutzten.

Der Pilgerführer des 12. Jahrhunderts: Vier Wege in Frankreich

Als Quelle ersten Ranges für die mittelalterlichen Wege der Pilger durch Spanien, aber auch durch Frankreich, wird in der Regel ein Sammelwerk aus dem 12. Jahrhundert konsultiert, das die verschiedensten Traditionen um den Apostel Jakobus zusammenfaßt und aufbereitet. Dieses schon genannte Werk heißt heute meist *Liber Sancti Jacobi* (Jakobsbuch), aber im Eingangskolophon steht einfach *Jacobus* als Titel. Weil der Einleitungsbrief sowie einige weitere Passagen angeblich von Papst Calixt II. (1119–1124) verfaßt wurden, der die nachfolgenden

Schriften legitimiert und ihre Lektüre und Benutzung empfiehlt, wird die Handschrift im Kathedralarchiv von Compostela auch zuweilen *Codex Calixtinus* genannt. Diese älteste erhaltene Handschrift wurde wohl in Santiago in der Mitte des 12. Jahrhunderts zusammengestellt, aber Teile und Vorstufen könnten durchaus früher an anderen Orten, zum Beispiel in Frankreich, entstanden sein. Allerdings halten wissenschaftliche Kontroversen an, denn die These einer cluniazensischen Herkunft oder diejenige eines poitevinisch-burgundischen Ursprungs sind noch nicht vollständig aufgegeben.

Das Buch weicht von sonst üblichen hagiographischen *Libelli* deutlich ab. Es besteht aus fünf Teilen (Büchern), die jeweils verschiedene Bereiche betreffen. Nur noch die im ersten Buch eingefügte Leidensgeschichte des Apostels (*Passio*), die *Translatio* mit der Geschichte zur Überführung der Gebeine von Palästina nach Spanien im dritten Buch und die Mirakelberichte des zweiten Buches gehören strenggenommen zum klassischen Grundbestand eines Heiligendossiers. Insgesamt umfangreicher sind aber andere Passagen. Das Jakobsbuch bietet einen sehr ausführlichen Teil zur Umsetzung des Kultes in der Liturgie (Buch I) sowie neben der *Historia Turpini*, die Karl den Großen unter anderem zum Maurenkämpfer und Jakobuspilger stilisiert (Buch IV), einen Teil, den man oft sogar als einen der frühesten Pilgerführer Europas bezeichnet hat (Buch V). Mit den liturgischen Teilen wurden vor allem die verschiedenen Festtage des Apostels aufgewertet: Der in der römischen Liturgie gefeierte Jakobstag vom 25. Juli samt der bei Hochfesten üblichen Oktav (also dem achttägigen anschließenden Festzyklus nach dem eigentlichen Fest), das sogenannte Translationsfest vom 30. Dezember (ebenfalls mit liturgischen Vorschlägen für eine Oktav) sowie einige weitere Festtage werden mit Predigten, Meßformularen und Offizien dokumentiert. Die Bücher IV und V betreffen weniger die Zeit und den Jahresrhythmus als vielmehr den Raum. Sie erzählen davon, wie Karl der Große nach Spanien und nach Compostela gezogen sei und auf welchen Wegen und in welchen Formen Pilger das Pilgerziel erreichen können. Pilger zum Grab des heiligen Jakobus dürften dieses Büchlein kaum in ihrem Handgepäck gehabt haben, dagegen spricht nicht nur die Überlieferung, sondern auch die Verbreitung der Lesefähigkeit in dieser Zeit. Die Beschreibungen scheinen zwar teilweise auf konkreten Erfahrungen zu basieren, sind jedoch insgesamt stärker von dem Bestreben getragen zu beschreiben, wie man sich die Jakobs-Pilgerfahrt vorstellte, vielleicht sogar wünschte.

> Vier Wege führen nach Santiago, die sich zu einem einzigen in Puente la Reina in Spanien vereinen; einer geht über St-Gilles, Montpellier, Toulouse und den Somportpaß, ein anderer über Notre-Dame in Le Puy, Ste-Foy in Conques und St-Pierre in Moissac, ein weiterer über Ste-Marie-Madeleine in Vézelay, St-Léonard im Limousin und die Stadt Périgueux, ein letzter über St-Martin in Tours, St-Hilaire in Poitiers, St-Jean in Angély, St-Eutrope in Saintes und die Stadt Bordeaux. Diejenigen Wege, die über Ste-Foy, St-Léonard und St-Martin führen, vereinigen sich bei Ostabat, und nach dem Überschreiten des Cisapasses treffen sie in Puente la Reina auf den Weg, der den Somportpaß überquert; von dort gibt es nur einen Weg bis Santiago. (Herbers, Der Jakobsweg, S. 102).

Mit dieser Aufzählung beginnt der fünfte Teil des Jakobsbuches nach dem Kapitelverzeichnis. Unterschieden werden in diesem Pilgerführer des 12. Jahrhunderts vier Hauptwege nach Santiago, die alle in Frankreich ihren Ausgangspunkt haben: in St-Gilles, Le Puy, Vézelay und Tours. Schon diese wenigen Sätze schrieben die Wege der Pilger gleichsam fest und kanonisierten sie; es gibt heute kaum ein Buch zur Jakobuspilgerfahrt ohne eine Karte mit diesen Wegstrecken (vgl. S. 128). Karten enthielten die mittelalterlichen Schriften mit Wegbeschreibungen aber in der Regel nicht. Heute ist leicht nachvollziehbar, daß der Weg von Vézelay und noch mehr der von Le Puy besonders mühsam waren. Gebirgsüberquerungen und entvölkerte Landschaften erfreuen zwar heutige Pilger, in früheren Zeiten bedeuteten sie jedoch große Anstrengung, Bedrohung und Gefahr. Inzwischen ist auch nachgewiesen worden, daß die Pilger die Routen von Vézelay und Le Puy entsprechend wesentlich seltener als die von Arles oder Paris beziehungsweise Tours nutzten. Zugespitzt könnte man sogar davon sprechen, daß der Autor dieser Zeilen einige Pilgerwege gleichsam «erfunden» habe.

In den weiteren Kapiteln dieses Pilgerführers werden Etappen und Orte, Hospize und Straßenbauer, Wasserstellen und Fluß- überquerungen, die verschiedenen Völker an den Wegen sowie die zu besuchenden Orte und heiligen Leichname aufgezählt. Bezüglich der Heiligtümer fällt auf, daß der Autor wichtige konkurrierende Kultzentren in Frankreich einfach dem spani- schen Jakobusgrab unterordnete, indem er im achten Kapitel St-Martin in Tours, Ste-Foy in Conques, St-Leonhard im Li- mousin oder St-Sernin in Toulouse vor allem als Heiligtümer auf dem Weg, als Stationen zum Zielort, und weniger als eigen- ständige Zentren würdigte. Damit wurde zugleich der Weg – anders als im Falle von Rom oder Jerusalem – zu einem wichti- gen Teil der Jakobusverehrung, und das entfernte Compostela an der geographischen Peripherie rückte ideell ins Zentrum. Auch die Tagesstrecken in Spanien werden so definiert, daß der Weg kürzer erschien, als er in Wirklichkeit war, denn dreizehn Etappen von den Pyrenäen bis nach Santiago bedeuteten Tages- leistungen von mehr als fünfzig Kilometern. Da nützt es wenig, wenn es in diesem Kapitel heißt, daß die eine oder andere Etap- pe mit dem Pferd zurückgelegt werden sollte.

Vor allem die Unterordnung konkurrierender Zentren mußte auf der fiktiven Karte in den Köpfen möglicher Leser oder Hö- rer dazu führen, daß das für fast alle europäischen Regionen so weit entfernte Jakobusgrab näher rückte. Santiago stand in die- ser Konzeption im Zentrum, obwohl der Ort geographisch an der Peripherie lag. Diesen Aspekt unterstützen einige Wunder- geschichten, die sich im zweiten Teil des *Liber Sancti Jacobi* zu- sammengestellt finden: So erscheint der heilige Jakobus wun- dermächtiger als der doch so starke Martin von Tours. Der Ab- schluß der dritten Mirakelgeschichte kann dies gut illustrieren:

Das alles ist neu, und man hat noch nie gehört, daß ein Toter einen Toten erweckt hätte. Der selige Martinus und unser Herr haben als Lebende drei Tote erweckt. Der selige Jacobus aber hat als Toter einen Toten ins Leben zurückgerufen. Dagegen wird dieser oder je- ner sagen: Wenn, wie zu lesen ist, unser Herr und der selige Martinus niemals *nach*, sondern nur *vor* ihrem Hinscheiden drei Tote erweckt haben, so ist erwiesen, daß kein Toter, sondern nur ein Lebender einen Toten erwecken kann. Nach diesem Argument kommt man zu folgendem Schluß: Wenn ein Toter einen Toten nicht erwecken kann, sondern nur ein Lebender, dann ist der hl. Jacobus, wie der Herr, wahrhaft ein Lebender und hat als solcher einen Toten erweckt. (Herbers/Klein, Libellus, S. 73).

Bis heute fasziniert am Pilgerführer im *Liber Sancti Jacobi* unter anderem das neunte Kapitel, das eine ausführliche Beschreibung der Stadt Compostela, der Kirchen, aber besonders der Jakobusbasilika bietet. Zahlreiche Bauwerke, die heute nicht mehr in dieser Form existieren, werden dort detailliert beschrieben. Vielleicht hat sich der Schreiber dieses Kapitels auch an den Beschreibungen Roms (*Mirabilia Urbis Romae*) orientiert, die sich seit dem 12. Jahrhundert stärker verbreiteten. Der Besuch der Basilika gleicht dem Besuch im himmlischen Jerusalem. Die Maße der Kirche, die Zahl der Pfeiler und viele weitere detaillierte Angaben deuten auf die vollkommene Harmonie dieser Kathedrale. So beendet der Autor den Abschnitt über den Kirchenbau folgendermaßen:

> In dieser Kirche findet man wahrhaftig weder Risse noch Brüche; sie ist wunderbar gearbeitet, groß, geräumig, hell, von entsprechenden Ausmaßen, Breite, Länge und Höhe sind harmonisch aufeinander abgestimmt; eine unbeschreiblich herrliche Anlage, die sogar wie ein königlicher Palast doppelstöckig gebaut worden ist. Wer oben durch die Schiffe der Emporen geht, wird, wenn er traurig hinaufgestiegen ist, froh und glücklich werden, nachdem er die vollkommene Schönheit dieses Gotteshauses geschaut hat. (Herbers, Der Jakobsweg, S. 161).

Weitere Kapitel des Führers und einige Passagen im ersten Teil des Jakobsbuches machen die Vorstellungswelten der Zeit anschaulich, so die Passagen zu den unrechtmäßig erhobenen Zollabgaben, zu den Warnungen vor den Fährleuten, die ihre Boote manchmal kentern ließen, oder vor den Nachstellungen der Wirte, die es nur auf Geld sowie Hab und Gut der Pilger abgesehen hätten. Dabei sind Vorlieben und Reserven deutlich erkennbar. In einem Kapitel über die guten und schlechten Flüsse am Jakobsweg fällt auf, daß die todbringenden Wasser in Spanien fast alle in Navarra liegen und der Autor nachdrücklich vom Verzehr der Fische aus den Flüssen zwischen Estella und Logroño abrät. Ähnlich schlechte Noten erhalten die Navarresen selbst in einem weiteren Abschnitt über die verschiedenen Völker am Weg: Sie sind nicht nur «gottlos» und barbarisch, böse und schurkisch, sondern angeblich treiben sie sogar mit dem Vieh Unzucht, und ihre Sprache erinnert an «Hundegebell». Die geballten Ladungen negativer Vorurteile treffen immer wieder die Navarresen und Basken, und deshalb fragt es sich, ob die anderen Völkerbeschreibungen stärker auf tatsächlich gemachte Erfahrungen und Beobachtungen zurückgingen.

Die Leistungen der Straßen- und Brückenbauer, die zu einer sichereren Pilgerfahrt beitragen, und die Verdienste anderer Gruppen werden hingegen gerühmt. Im letzten Kapitel wird noch einmal an das Matthäusevangelium erinnert: «Wer euch aufnimmt, nimmt mich auf» (Matthäus 10,40). Drei anschließende Strafwunder machen deutlich, wie ernst es dem Verfasser damit war, daß Jakobspilger angemessen empfangen werden müßten. Insofern nutzt der Pilgerführer an dieser Stelle den hagiographischen Diskurs, der im zweiten Teil des *Liber Sancti Jacobi* mit der Mirakelsammlung noch deutlicher wird. Neben den verschiedensten Anliegen, bei denen der Apostel helfend und strafend eingreift, boten vor allem die Pilgerfahrten und der mühsame und weite Weg Anlaß zu Wundern. So erzählen Mirakelgeschichten davon, daß der Apostel einen Pilger, der unterwegs dem Leben schon entrückt war, auf dem Rücken seines Pferdes in einer Nacht bis nach Compostela brachte.

Pilgerfahrten im hohen Mittelalter

Wenn aber die angesprochenen Passagen des Jakobusbuches immer wieder vorschreibend und lenkend in die Pilgerbewegung eingreifen wollten, wie und was berichten andere überlieferte Quellen über die Praxis? Einzelne Nachrichten über Jakobspilger von nördlich der Pyrenäen gibt es seit dem 10. Jahrhundert. Schon im Jahr 930 wird in hagiographischen Quellen aus dem Bodenseeraum ein Jakobspilger genannt, 950/51 weilte Bischof Godeschalk von Le Puy in der Apostelstadt. Vor allem Personen aus dem südlichen Frankreich und aus Katalonien wie Cesarius von Montserrat (959?), Raimund von Gotien und Graf von Rouergue (961) sind für das 10. Jahrhundert belegt. Im gleichen Jahr 961 war Hugo von Vermandois auf dem Weg nach Compostela, wie ein in León ausgestelltes Dokument von 27. Februar 961 nahelegt. Die Bemerkungen des Geschichtsschreibers Ademar von Chavannes über Herzog Wilhelm V. von Aquitanien (gest. 1030) machen deutlich, wie Compostela zunehmend an die Seite anderer großer Pilgerorte rückte. Wilhelm sei, so Ademar, seit seiner Jugend fast jedes Jahr nach Rom gepilgert, und in den Jahren, in denen er Rom nicht aufgesucht habe, nach Santiago.

Die Jakobspilger im hohen Mittelalter kamen zunächst vor allem aus Katalonien und Frankreich, seit den sechziger Jahren des 11. Jahrhunderts werden die Belege aus dem Reich häufiger. So waren 1063 beispielsweise Bewohner aus Lüttich unterwegs. Als einer der frühesten namentlich genannten Pilger aus dem deutschen Raum gilt Erzbischof Siegfried von Mainz, der, seiner Amtsgeschäfte überdrüssig geworden, 1071/72 nach Compostela aufgebrochen sein soll, wo er allerdings nie ankam, weil er eine Zeitlang in Cluny verweilte und dann zurückkehrte. Es fällt insgesamt auf, daß gerade in der zweiten Hälfte des 11. Jahrhunderts viele Notizen über Pilger berichten, die sowohl Rom als auch Compostela besuchten. Dabei scheinen beide Zentren unterschiedliche Zuständigkeitsbereiche gahabt zu haben, wie die Pilgerfahrten des Grafen Eberhard von Nellenburg, Stifter des Klosters Allerheiligen in Schaffhausen (gest. ca. 1080), und seiner Frau Ida exemplarisch verdeutlichen können. Eberhard V. entstammte einer begüterten Familie vom Hochrhein, die mit den Saliern und mit Papst Leo IX. (1049–1054) verwandt war. 1050 stiftete er das Kloster Allerheiligen in Schaffhausen, das zur Grablege der Familie wurde. Seine Romreisen dienten vor allem der päpstlichen Absicherung des Klosters durch die Unterstellung unter den päpstlichen Schutz, wobei Papst Alexander II. (1061–1073) auch die politisch wichtigen Vogteirechte

bestätigte. Anders wird die Santiagoreise charakterisiert. Diese
unternahm Eberhard, nachdem ihm ein früherer Ritter, Manegold, im Traum erschienen war. Weil er ein unstetes Klosterleben
geführt habe, müsse er nun große Qualen leiden. Deshalb reifte
bei Eberhard der Entschluß, nach Santiago zu pilgern. Die eigenen Vorstellungen von Reform und persönlicher Frömmigkeit
entsprachen wohl eher einer Reise nach Compostela als einer
Romfahrt. Damit stehen die Pilgerfahrten nach Rom und Compostela im Falle Eberhards gleichzeitig für verschiedene Facetten
der Kirchenreform. Die Wertschätzung Compostelas entsprach
offensichtlich auch neuen Formen und Tendenzen der Frömmigkeit.

Dies wirkte sich auf den zunehmend größeren Einzugsbereich
der Pilgerfahrt nach Santiago de Compostela aus. Ende des
11. Jahrhunderts ist mit Ansgot von Burwell erstmals ein eng-
lischer Pilger namentlich belegt. Klostergründer aus Italien, wie
Wilhelm von Vercelli, sollen ebenfalls Ende des 11. Jahrhunderts in Compostela gewesen sein. Bezieht man die dynasti-
schen Beziehungen zum burgundischen Raum sowie die Rom-
kontakte des Bistums zu Beginn des 12. Jahrhunderts ein, so
wundert es nicht, daß gerade in der Hausdokumentation, der
Historia Compostellana und im *Liber Sancti Jacobi* zahlreiche
Pilger und Bezugspersonen aus dem gallo-burgundischen und
römischen Raum genannt werden. Einzelne Kontakte, die auch
die Pilgerschaften einschlossen, reichten sogar bis hin zu Beziehungen mit Armenien oder mit dem Patriarchat von Jerusalem.

Im europäischen, insbesondere im mittel- und westeuropäi-
schen Raum, scheint die Compostelafahrt im 12. Jahrhundert
fest etabliert gewesen zu sein; allerdings stammt die Mehrzahl
der Belege aus dem heutigen Frankreich, Deutschland und Italien. Daneben spielte England eine nicht unwichtige Rolle, gerade in Zusammenhang mit den verschiedenen Flotten, die aus Dä-
nen, Niederländern und Niederdeutschen sowie Engländern zu-
sammengesetzt, 1147 im Rahmen des Zweiten und 1187–1189
des Dritten Kreuzuges aufbrachen und unterwegs auch dem
Heiligtum in Compostela ihre Reverenz erwiesen. Für 1180 ist
sogar der erste schwedische Pilger belegt, der aus der Familie

Abb. 4 Jakobus der Ältere wird hier mit Umhang, Stab und Hut als Pilger gekennzeichnet. Das am Hut angebrachte Pilgerzeichen besteht aus der Jakobsmuschel und zwei gekreuzten Pilgerstäben. Skulptur aus Chaumeil, Ende des 15. Jahrhunderts.

des Bischofs Eskil stammte. Allerdings fehlen aus dieser Zeit noch weitgehend Nachrichten über Jakobspilger aus dem ostmitteleuropäischen Raum.

Vergleicht man die Herkunftsgebiete dieser einzeln belegten Jakobspilger mit den im Pilgerführer des *Liber Sancti Jacobi* vorgestellten Wegen, so wird schnell deutlich, daß diese Straßen nicht allgemein genutzt wurden. Der Seeweg, die Reise über Cluny oder der Weg von Italien deckten sich nicht oder nur teilweise mit den vorgeschlagenen Pilgerrouten. Sosehr der Pilgerführer bestimmte Wege vorschreibt, vor Gefahren warnt und für die Reise wirbt, die Breitenwirkung der Erzählungen von den vielen hier genannten und noch zahlreicheren namenlosen Pilgern dürfte größer gewesen sein.

Die königlichen Privilegien und vor allem die materiellen Zeugnisse belegen den Ausbau und die Nutzung der Straßen, besonders im nördlichen Spanien. Zahlreiche Brücken, Hospize und Kirchen sind in dieser Zeit errichtet worden. Größe und

Zuschnitt der Bauten, die auch dem Pilgerverkehr dienten, künden vor allem in Spanien, aber auch in Frankreich davon, wie sehr die Pilgermobilität im 12. Jahrhundert zugenommen hatte.

Daneben gibt es archäologische Zeugnisse: Die bei Ausgrabungen gefundenen Muscheln waren in der Regel Grabbeigaben, und man darf wohl voraussetzen, daß hier meistens Jakobspilger bestattet wurden, denn diese erwarben in der Regel am Zielort ihrer Reise die Jakobsmuschel. Mehrere hundert Muscheln hat die Forschung bisher verzeichnet; dabei entfallen etwa ein Viertel auf das deutsche Sprachgebiet. Außer dem großen Schleswiger Fund und den Nachweisen aus Hannover und Aachen entdeckte man zahlreiche Muscheln in Süddeutschland. Wie allerdings die Muschel- und Pilgerzeichenfunde in oder in der Nähe von Flüssen zu interpretieren sind, bleibt unsicher: Waren hier Pilgerschiffe unterwegs, oder wurden die Abzeichen beim Waschen aus der Pilgerkleidung gespült?

Inwieweit Jakobuspatrozinien, künstlerische Darstellungen und weitere Indizien auf den Pilgerort Compostela verweisen, ist in jedem einzelnen Fall zu prüfen; hieraus sind nur selten konkrete Rückschlüsse auf die Pilgerbewegung möglich. Es bleibt mithin für das hohe Mittelalter eine gewisse Unsicherheit, wo die Wünsche eines mächtigen Pilgerzentrums, wie sie in der *Historia Compostellana* und im *Liber Sancti Jacobi* dokumentiert sind, aufhörten und wo die Realitäten europäischer Pilgerfrömmigkeit begannen. Dabei steht aber außer Zweifel, daß Compostela im 12. Jahrhundert mit Blick auf die Pilger sowie auf die hierarchischen Vorrechte innerhalb Spaniens und der katholischen Kirche europäische Dimensionen erreicht hatte.

4. Der Jakobsweg als «Kulturstraße Europas»

Spanien und Europa

Die europäische Dimension, welche die Jakobspilgerfahrt schon im 12. Jahrhundert erreichte, ordnet sich in einen größeren Prozeß ein, den man häufig als «Europäisierung» der Iberischen Halbinsel im 11./12. Jahrhundert bezeichnet hat. Dies ist insofern problematisch, als damit stillschweigend vorausgesetzt werden könnte, daß die Iberische Halbinsel zuvor nicht zu Europa gehörte. Unbestritten nahmen jedoch die wechselseitigen Einflüsse über die Pyrenäen hinweg zu. Das christliche Spanien verlor mehr und mehr seine Sonderstellung, in die es seit dem Untergang des Westgotenreiches 711 und seit der weitgehenden Eroberung durch die Muslime geraten war. Dieser Prozeß, der in den Gebieten Kataloniens, Aragóns und Navarras – dort insbesondere unter König Sancho III. (1004–1035) – begann, erreichte zu Ende des 11. Jahrhunderts auch León-Kastilien. Für die inzwischen intensivierten Kämpfe der Reconquista, für die anstehende Besiedlung der von den Christen neu gewonnenen Regionen und für die Organisation von weltlicher und kirchlicher Herrschaft waren nicht nur geeignete Personen, sondern teilweise auch neue rechtliche Grundsätze und Formen nötig; Anregungen und Vorbilder hierzu boten europäische Nachbarn. Dazu gehörten die Einführung der römischen Liturgie und Kirchenordnung, der wachsende Einfluß der Benediktregel und der Cluniazenser, die Übernahme der schon lange in Mitteleuropa üblichen karolingischen anstelle der alten westgotischen Schrift, die Besetzung von Bischofssitzen mit französischen Klerikern, die (rechtlich zuweilen begünstigte) Ansiedlung von Adeligen und Bürgern, besonders französischer Herkunft, sowie dynastische Verbindungen zu adeligen Geschlechtern von nördlich und östlich der Pyrenäen. Der zunehmende Austausch betraf nicht nur Menschen, sondern auch Ideen, künstlerische Vorstellungen, Rechtsformen und Gebräuche. Als eine wichtige Achse dieser vielfältigen Beziehungen diente die alte Römerstraße durch Nordspanien, die dem skizzierten Frankenweg (*camino francés*) zum Grab des Apostels Jakobus in Compostela entsprach.

Neben den von nördlich der Pyrenäen stammenden Personen, die kämpften, pilgerten, Handel trieben, siedelten oder regierten – oder zuweilen diese verschiedenen Tätigkeiten miteinander kombinierten –, unterstützte vor allem das Papsttum den Prozeß der «Europäisierung» Spaniens; die schon skizzierte Veränderung der Stellung von Bischofssitzen wie im Falle Compostelas gehört auch hierzu. Auf der Ebene von Adel und Königtum dominierten zunächst Heiratsbeziehungen, die nun immer häufiger über die Pyrenäen hinausgriffen und damit neue politische Geflechte und Netzwerke ermöglichten. Besonders mit den Beziehungen Alfons' VI. nach Burgund wurde zugleich der Weg zur Reformbewegung des Klosters von Cluny und zum Papsttum, das zu Beginn des 12. Jahrhunderts wichtige Orientierungspunkte in Burgund besaß, weiter geöffnet und brachte auf den verschiedensten Ebenen neue Kontaktmöglichkeiten.

Der «Europäisierungsprozeß» auf der Iberischen Halbinsel, in dessen Verlauf neue Siedlungen, Städte und Kirchen entstanden, ist in mehrfacher Hinsicht mit dem Jakobsweg verbunden. Nicht nur wegen eines allgemeinen Bevölkerungswachstums und einer Intensivierung des Handels, sondern auch durch die Pilgerbewegung wurden am *camino francés* neben den alten Siedlungskernen bald neue Orte oder Stadtviertel gegründet, oft unter «ausländischer» Beteiligung. Rechtlich wurde die neue Art des Zusammenlebens in den Satzungen der *fueros* geregelt; die ersten begegnen in León 1017, in der Pyrenäenzone in Jaca 1077 und in Estella 1090. Händler siedelten sich bei Bischofssitzen an, wie in Santiago de Compostela, Burgos und Lugo oder bei einem wichtigen Kloster, wie im Falle von Sahagún. Die dort entstandene anonyme Chronik berichtet, wie verschiedene Handwerker herbeiströmten: Schmiede, Schreiner, Schuhmacher, Gerber, Schildmacher und andere. Der Chronist unterstreicht, daß die neuen Städter nicht nur aus der Umgebung kamen, sondern auch aus anderen Ländern. So heißt es in der

Chronik von Sahagún weiter: Gascogner, Bretonen, Deutsche, Engländer, Burgunder, Normannen, Tolosaner, Provenzalen, Lombarden und viele weitere Händler kamen nach Sahagún.

Viele, wenn auch nicht alle der neuen Städte oder Stadtviertel mit fremden Siedlern lagen am Weg nach Santiago, «Ausländer» waren in diesen Städten zahlreich vertreten, denn sie genossen vielfach Privilegien. Die Bevölkerung der Städte am Pilgerweg war deshalb zeitweise stark von «Fremden» (*franci*) mitbestimmt, zu denen Handwerker, Mönche, Kleriker und Bischöfe gehörten. Die Patrozinien mancher Kirchen am Jakobsweg oder die Namen mancher Viertel lassen bis heute die Herkunft vieler Siedler erkennen. Dieses Zusammenleben blieb nicht ohne Konflikte, die sich im 12. Jahrhundert zuweilen in heftigen Auseinandersetzungen entluden. Aber die neu ansässigen Fremden konnten – wie die *franci* auf Bischofssitzen, in Klöstern und Domkapiteln – unter anderen den späteren Pilgern helfen, sich in der Fremde zurechtzufinden. Dies stärkte bestimmte Berufe, denn beherbergten bis ins 12. Jahrhundert (aber auch noch später) vor allem Klöster und Einzelpersonen die vorbeiziehenden Pilger, so lassen sich am Jakobsweg durch Nordspanien die frühesten Beispiele kommerzieller Gastlichkeit in Wirtshäusern und Herbergen nachweisen, deren Vorzüge bald allerdings den Nachstellungen der betrügerischen Wirte gegenübergestellt wurden.

Pyrenäenpässe ins «Jakobsland»

Handel und kultureller Austausch könnten sogar die Wahl der Pilgerwege mitbestimmt haben. Dies wird bereits an den Pässen deutlich, die Jakobspilger zur Überquerung der Pyrenäen nutzten. Denkt man zurück an die im Pilgerführer des 12. Jahrhunderts vorgeschlagenen Wege (S. 43), so gab es vor der letzten Vereinigung der aus Frankreich kommenden Strecken in Puente la Reina zwei Möglichkeiten, die Pyrenäen zu überqueren: die Pässe des Somport und von Roncesvalles. Im ersten Fall gelangte man zunächst nach Aragón, im anderen Falle – bei einer beschwerlicheren Überquerung – nach Navarra. Wirtschaftliche Entwicklungen spielten eine Rolle, denn der Reichtum des nördlichen Spanien, das lange Zeit im Schatten des florierenden muslimischen Südens gestanden hatte, nahm im 11. Jahrhundert deutlich zu. Basis hierfür waren unter anderem die Einnahmen aus den Tributzahlungen der inzwischen kleinen muslimischen Taifa-Reiche, die seit dem Zerfall des Kalifates (1031) in Südspanien existierten. Die Summen müssen beträchtlich gewesen sein, wie aus einzelnen Verträgen erschlossen werden kann (etwa dem Vertrag aus dem Jahre 1069 zwischen dem König des Taifa-Reiches von Zaragoza, al-Motádir, und König Sancho, el Peñalén).

Der Zolltarif aus dem ausgehenden 11. Jahrhundert (1076–1094) zeigt, welche Güter man bevorzugt importierte und exportierte und in der aragonesischen Pyrenäenstadt Jaca mit Zoll belegte: Stoffe aus Brügge, Seide aus Konstantinopel, Purpur, Farben, Schwerter, gefangene Mauren, Metalle, Gewürze, sogar Lebensmittel und Goldmünzen, wohl muslimischer Herkunft, sowie weitere Güter oder Herkunfts- und Zielorte werden genannt. Der Ort, an dem der Zoll erhoben wurde, ist jedoch ebenso aufschlußreich: das am Fuße des Somportpasses gelegene Jaca war ein Eingangstor für das nordöstliche Spanien. Diesen Weg nutzten auch die Jakobspilger. Das Dokument macht in seiner Schlußpassage deutlich, daß Pilger von jeder Zollabgabe frei seien; insgesamt scheint der Übergang bei Jaca aber für den Handel besonders wichtig gewesen zu sein. Dennoch gewann ab dem ausgehenden 12. Jahrhundert Roncesvalles bei der Pyrenäenüberquerung der Pilger an Gewicht. Es ist fraglich, ob dies nur an herrschaftlicher oder wirtschaftlicher Förderung lag. Der Pilgerführer im *Liber Sancti Jacobi* nennt anfangs beide Orte. Das Hospiz in Santa Cristina auf dem Somport wird weiterhin im vierten Kapitel kurz hervorgehoben. Liest man jedoch das achte Kapitel über heilige Stätten am Weg, so wird im Pyrenäenraum fast nur noch Roncesvalles ausführlich gewürdigt. Dabei fällt jedoch eines auf: Nach der Beschreibung der wirtschaftlichen Bedeutung gewinnt ein eher ideologisches Argument die Oberhand, die Nutzung dieses Übergangs beim Zug Karls des Großen auf die Iberische Halbinsel.

Ebenfalls im Baskenland verläuft der Jakobsweg über einen sehr bedeutenden Berg, der Cisapaß heißt, entweder weil er als das Tor Spaniens angesehen wird oder weil über diesen Berg Güter von einem Land ins andere transportiert werden. Sein Anstieg mißt acht Meilen und der Abstieg ebensoviel. Dieser Berg ist so hoch, daß er den Himmel zu berühren scheint; wer ihn besteigt, glaubt mit eigener Hand an den Himmel reichen zu können. Vom Gipfel kann man das Meer der Bretagne und des Westens sehen und auch die drei Länder Kastilien, Aragonien und Frankreich. Der Ort auf der Spitze wird «Karlskreuz» genannt, weil dort Karl (der Große), als er mit seinem Heer nach Spanien zog, einen Pfad mit Beilen, Äxten, Hacken und anderen Werkzeugen bahnte, zunächst ein Kreuzzeichen aufstellte, dann das Knie beugte und nach Galicien gewandt Gott und den hl. Jakobus in einem Bittgebet anrief. Deshalb pflegen die Pilger hier niederzuknien, mit Blick auf das Land des hl. Jakobus zu beten und ein Kreuz wie ein Feldzeichen aufzustellen. Man kann dort tausend Kreuze finden, dort ist der erste Gebetsort des hl. Jakobus.

Auf diesem Berg pflegten die gottlosen Navarresen und Basken, bevor das Christentum in Spanien vollkommen verbreitet war, die Pilger nicht nur auszuplündern, sondern sogar auf diesen wie auf Eseln zu reiten und sie zu töten. Nördlich, in der Nähe dieses Berges, liegt das als Valcarlos bezeichnete Tal, in das derselbe Karl (der Große) mit seinem Heer floh, als die Kämpfer in Roncesvalles getötet worden waren. Dieses Tal durchqueren viele Jakobspilger, wenn sie den Berg nicht besteigen wollen. Anschließend trifft man beim Abstieg von diesem Berg auf das Hospiz und die Kirche. Dort liegt der Fels, den der tapfere Krieger Roland mit einem dreifachen Schwertstreich von oben bis unten mitten durchgespalten hat. Dann gelangt man in den Ort Roncesvalles, wo einst die große Schlacht stattfand, in der König Marsirus, Roland, Oliver und vierzigtausend andere christliche und sarazenische Kämpfer getötet wurden. Anschließend erreicht man Navarra, reich an Brot, Wein, Milch und Vieh. (Herbers, Der Jakobsweg, S. 115–118).

Die Passage des Pilgerführers greift auf, was angeblich Erzbischof Turpin von Reims im vierten Buch des *Liber Sancti Jacobi* zu Karls Zug nach Spanien ausführlicher darstellt (*Historia Turpini*). Mit einer neuen Version über den Spanienzug Karls des Großen lenkte eine europäisch-karolingische Interpretation des Pilgers und Maurenkämpfers Karl auch das Jakobsthema in

eine andere Richtung. Die neue europäische Sicht hob selbstver-
ständlich seit dem 12. Jahrhundert vor allem Roncesvalles hervor. Dieser Ort, bei dem König Karl 778 nach Ausweis der zeit-
genössischen Quellen eine empfindliche Niederlage einstecken
mußte, wurde nun zum wichtigen Zwischenziel bei der Pyrenäenüberquerung der Jakobspilger. Jedenfalls gehen auch spätere Pilgerführer aus dem 15. Jahrhundert (so etwa der von Hermann Künig von Vach verfaßte Leitfaden) und andere Zeugnisse von einer Bergüberquerung bei Roncesvalles aus.

In der *Historia Turpini*, die ein Zeitgenosse Karls des Großen
(Erzbischof Turpin von Reims) verfaßt haben soll, lesen sich
auch die Anfänge des Jakobskultes etwas anders als in den
schon skizzierten frühen Überlieferungen aus Compostela. Diese Schrift berichtet über die angeblichen Aktivitäten Karls des
Großen in Spanien. Die Entdeckung des Grabes nach der Vision
des Pelagius wird nicht erwähnt, vielmehr soll Karl der Große
selbst bei seinem Zug nach Spanien das in Vergessenheit gerate-
ne Jakobsgrab besucht und den Kampf gegen die Muslime auf
der Iberischen Halbinsel begonnen haben. Karls Spanienzug
von 778 wird damit in einen neuen Zusammenhang gestellt und
relativiert zugleich die früheren Geschichten von der Entdek-
kung des Jakobsgrabs. Vielleicht war dies sogar ein weiterer
Schachzug bestimmter Kreise in Compostela, um mit karolingischen Bezügen aus dem in einer Randlage befindlichen Jakobsgrab ein europäisches Pilgerzentrum zu machen. Die *Historia Turpini* ist zwar teilweise mit dem Rolandslied verbunden, verknüpft aber anders als dieses Karls Zug nachdrücklich
mit Compostela und dem Jakobsgrab. Die Erzählung wurde
vor allem populär und vielfach kopiert, nachdem 1165 Friedrich Barbarossa erfolgreich die Heiligsprechung Karls des Großen betrieben hatte und diese Schriften im Umfeld für den Kult
eines Heiligen Karl herangezogen und (zuweilen in umgearbei-
teter Form) verbreitet wurden. Die Reliefs des Aachener Karls-
schreins, der etwa 1215 fertiggestellt wurde, greifen das Thema
des Spanienkämpfers und Jakobspilgers Karl auf. Auf einem
Relief erscheint der Apostel Jakobus dem Karolingerherrscher
im Traum mit dem Auftrag, die Muslime zu bekämpfen und

Abb. 5 Karl der Große bricht mit einem Kreuzfahrerheer nach Spanien auf.
Links unten ist der mit Karl verbundene Ort Aachen dargestellt. Miniatur aus
dem *Liber Sancti Jacobi* (vor Beginn der *Historia Turpini*), Santiago de Compostela,
Kathedralarchiv, 12. Jahrhundert.

sein Grab zu verehren, damit die Pilger ihn dort nach dem Beispiel Karls aufsuchen könnten.

Daß aber diese Texte den Weg der Pyrenäenüberquerung neu
bestimmt haben könnten, geht nicht nur aus ihrer Verbreitung
dieser Texte hervor, sondern auch beispielsweise aus der Gründung eines Hospizes in Roncesvalles 1127–1137 «bei der Kapelle Karls des Großen [...], wo Tausende Pilger umgekommen
sind, manche durch Schneestürme, viele lebend verschlungen
durch Angriffe der Wölfe», wie der Urkundentext vermerkt.

Epische Dichtung und Pilgerstraßen

Die Verbindung von Jakobsfahrten mit karolingischen Traditionen in der *Historia Turpini* und anderen epischen Werken trug dazu bei, das Konzept der Jakobswege weiter zu verfestigen, denn Karl der Große zog auf seinen angeblichen Zügen auf dieser *via Iacobitana* nicht nur zum Jakobsgrab, sondern nutzte die Wege auch bei seinen Kämpfen gegen die Muslime. Die Bedeutung des Pilgerweges im Zusammenhang mit Karl dem Großen in diesen und anderen Schriften führte zu Beginn des 20. Jahrhunderts dazu, daß Philologen Pilgerstraßen für die Entstehung der Epik eine Schlüsselrolle zubilligten. Sie schufen damit eine weitere Interpretation der Jakobs- und Pilgerwege, zugespitzt gesagt: Sie benötigten das Pilgerstraßenkonzept für ihre großangelegten Erklärungsversuche zur Entstehung der epischen Dichtungen.

Der Romanist Joseph Bédier ging dabei allerdings kaum von möglichen Veränderungen der Wege aus. Eher weist seine These in die umgekehrte Richtung. Denn er formulierte in seinem vierbändigen Hauptwerk *Les légendes épiques* (1926–1929) fast apodiktisch: «Au commencement était la route», im Anfang war die Straße. Mit dieser Grundthese zielte er vor allem auf die Pilgerwege nach Compostela und versuchte so die schon lange anhaltende Diskussion über die Entstehungszeit der epischen Dichtungen zu entscheiden. An den Wegen, auf denen Pilger und vor allem französische Kreuzritter zur Unterstützung der spanischen Reconquista gezogen seien, müsse man laut Bédier den Ursprung der epischen Dichtungen suchen, die vor allem Themen rund um Karl den Großen und seinen Umkreis aufgegriffen hätten. Kleriker in St-Roman de Blaye – an einem der vier Pilgerwege gelegen – hätten den Pilgern und Kreuzrittern das angebliche Grab Rolands gezeigt, in Bordeaux hätten diese das legendäre Horn Rolands bewundern können. Dies habe dazu geführt, daß sich manche Kreuzritter des 11. Jahrhunderts als Nachfahren Karls des Großen fühlten. Mit Hilfe der lesekundigen Kleriker – denn die Mönche an den genannten Orten kannten vielleicht weitere Texte zu Karl dem Großen – nahmen dann die epischen Dichtungen Gestalt an. Damit entschied sich

Bédier für eine Entstehung des Rolandsliedes und anderer epischer Dichtungen erst im 11. Jahrhundert.

Die Faszination dieses Erklärungsversuches hat lange nachgewirkt, obwohl kritische Stimmen inzwischen wieder eher eine langsame Entwicklung und frühere Verschriftlichungsstufen epischer Themen seit der Karolingerzeit ins Auge fassen. Die Erklärung Bédiers gehört zugleich in einen Zusammenhang der französischen Romanistik, bei der das Rolandslied von seinen germanischen Wurzeln im Karolingerreich befreit werden sollte. *Historia Turpini* und Rolandslied wurden so zu Meisterwerken eines hochgebildeten Franzosen des 11. Jahrhunderts, der auf Kreuz- und Pilgerfahrt nach Spanien unterwegs war. Vor diesem Hintergrund mußte natürlich auch der *Liber Sancti Jacobi* aus Frankreich stammen, er war für Bédier das Werk eines Franzosen, wahrscheinlich aus Cluny, was inzwischen aus anderer Perspektive widerlegt ist. Bédier bezog aber insgesamt gegen stärker europäische Positionen Stellung, die den Ursprung der *Chansons de geste* bereits in der Karolingerzeit und in mündlichen Traditionen sehen wollten. Der Streit ist hier nicht zu entscheiden: Aber will man nicht konspirative Aktionen oder einen geplanten Propagandacoup annehmen, so bleibt Bédiers These bei aller Faszination vielfach Beweise schuldig. Deshalb werden inzwischen wieder eher mündliche Traditionen und eine lange Vorgeschichte der Epik seit der Karolingerzeit verstärkt ins Auge gefaßt, wie auch immer man indirekte schriftliche Zwischenspuren einordnet. Mündliche Traditionen mit von uns kaum verfolgbaren Verformungen lassen sich zumindest kaum ausschließen.

Trotz vieler Kritik im einzelnen und trotz weiter bestehender Fragen zur Textevolution von *Historia Turpini* und Rolandslied bleibt Bédiers Erklärung suggestiv. Sie erlaubt fast nur den Gedanken, daß klerikale Propaganda und epische Dichtung zusammengehören. Die Verbindung schuf dabei der «Pilgerweg». Da dieser erst im 11. Jahrhundert Gestalt annahm, waren frühere schriftliche Fassungen des Rolandsliedes auszuschließen. Stimmen aber die Grundannahmen? Oder hat Bédier den Pilgerweg zumindest teilweise vorausgesetzt, um zwei Sachverhalte zu verknüpfen? Ob die Straße am Anfang der Epik stand, ist mehr als ungewiß. Allerdings dürften epische Themen sicherlich durch Pilgerfahrten und indirekt über die von Pilgern benutzten Wege mit verbreitet worden sein, so daß besser zwischen Ursache, Wirkung und Begleiterscheinung unterschieden werden sollte.

«Pilgerkirchen» und Pilgerkunst

Bédiers Erklärungsversuche wirkten über sein Fachgebiet hinaus und befruchteten insbesondere kunsthistorische Forschungen. Bekannt sind Thesen vom Einfluß der Pilgerstraßen auf die Architektur romanischer Kirchen, auf Skulpturen und auf die Verbreitung ikonographischer Themen. Auch hier bot der Pilgerführer des 12. Jahrhunderts einen Anknüpfungspunkt: «Besuche auf diesem Wege an der Loire auch die ehrwürdigen Reliquien des hl. Bischofs und Bekenners Martin […]. Sein Schrein mit den hl. Reliquien ruht bei der Stadt Tours […] Darüber wurde die ehrwürdige Basilika zu seiner Ehre nach dem Abbild der Kirche des hl. Jakobus wunderbar erbaut.» (Herbers, Der Jakobsweg, S. 142 f.) Schon diese Bemerkungen deuten auf gleiche Bautypen oder deren Abhängigkeit voneinander, wie sie Kunsthistoriker noch an vielen anderen Orten entlang der «Pilgerwege» festzustellen glaubten.

Die Behauptung, die Kirche in Tours sei nach dem Vorbild der Kathedrale von Compostela gebaut, machte sich in der Folge die amerikanische Forschung zu eigen. Interessanterweise nahmen französische Forscher eher umgekehrte Einflüsse an und sahen dabei Frankreich als gebendes Vorbild für sogenannte «Pilgerkirchen». Bis heute erstaunt ohne Zweifel jeden Pilger und Kunstfreund, daß entlang der Pilgerwege künstlerisches Schaffen besonders reich anzutreffen ist. Dies könnte in mancher Hinsicht auch dem durch die zeitweilig besonders intensive Pilgerbewegung geförderten Austausch zwischen verschiedenen Kultstätten zuzuschreiben sein. Blickt man jedoch auf die Struktur der sogenannten Pilgerkirchen, so wird deutlich, daß fast alle wichtigen Orte mit solchen Bauwerken – Tours, Conques, Toulouse, Limoges und Compostela – gleichzeitig Pilgerzentren waren und mit den neuen Bauformen halfen, die Pilgerströme

zu bewältigen. Die zusätzlichen Seitenschiffe und der Apsisum-
gang erlaubten es, die Menschenmassen zu lenken, die zweite
Etage bot Ausweichraum und ermöglichte eine gute Sicht auf
den Altar, die Reliquien und das liturgische Geschehen insgesamt. Jedoch hat die jüngere kunsthistorische Forschung deutlich gemacht, daß die Abhängigkeiten komplizierter sind. Vielfach scheinen die Einflüsse sogar über Spanien und Frankreich
hinauszuweisen, denn schließlich sollen die in Navarra zu fin-
denden romanischen Bauten Eunate und Torres del Rio Bezüge
erkennen lassen, die nach der Ansicht mancher Forscher sogar
bis in das Heilige Land reichen könnten. Die romanische Bau-
kunst in Navarra gehört insgesamt weniger in den Zusammenhang der «Pilgerkirchen» im Sinne eines einheitlichen Bautyps
an den Pilgerwegen. Es fanden sich hier vielmehr Zeugnisse
eines allgemeinen Reichtums entlang der Pilgerstraßen, die zuweilen sogar, wie in Sangüesa, ihre «Schauseiten» mit den Pro-
grammen der Portale zum Pilgerweg hin orientiert hatten.

5. Unterwegs nach Compostela

Die Begriffe «Jakobswege» und «Pilgerstraßen» wurden schon im Mittelalter mit ganz bestimmten Intentionen verwendet und später von der Wissenschaft mit Bedeutung aufgeladen. Aber was weiß man über die Straßen und Wege, Brücken und Unterkünfte? Wie erinnerte man sich an die Pilgerfahrt? Und welche Nachwirkungen in der Heimat hatte sie?

Pilger und Pilgermassen

Neben den knappen Notizen zu einzelnen Pilgern und zu einzelnen Aspekten unterwegs sowie dem schon mehrfach erwähnten *Liber Sancti Jacobi* gewähren für das ausgehende Mittelalter besonders ein Pilgerführer, den der Servitenmönch Hermann Künig von Vach nach dem Schlußkolophon 1495 für deutsche Pilger abfaßte, sowie die im 15. Jahrhundert häufiger aufgezeichneten Pilgerberichte und theoretische Schriften und Predigten weitere Aufschlüsse über die Jakobspilgerschaft. Die Druckauflagen des Pilgerführers von Hermann Künig, die Bearbeitung des Pilgerthemas in Kunst und Literatur, der Bau und Ausbau von Einrichtungen, die vor allem den Pilgern zugute kamen, zeigen, wie beliebt das Pilgern und das Pilgerthema im Spätmittelalter waren und wie sehr die Pilgerfahrten zugenommen hatten.

Zunächst war der Personenkreis für die Fahrten zu bedeutenden Pilgerzielen wie Rom, Jerusalem und, seit dem 13. Jahrhundert, auch Compostela, eingeschränkt. Unfreie konnten nur mit Erlaubnis ihres Herrn aufbrechen, Kleriker, Mönche oder Nonnen nur mit Billigung ihres Oberen. Trotz dieser und weiterer Beschränkungen wurde das Pilgern allgemein ein Massenphänomen; für die Zeit nach 1300 lassen sich sogar vereinzelt ungefähre Pilgerzahlen angeben. Die teure Jerusalemfahrt dürfte beispielsweise nicht allzu viele und eher sozial bessergestellte

Gläubige angezogen haben, etwa 80 bis 100 befanden sich auf einer Galeere, von denen unterschiedlich viele jährlich meist von Italien aus in See stachen. Rom zog seit 1300 in den sogenannten Heiligen Jahren große Massen an, im 15. Jahrhundert wird oft von einigen hunderttausend Gläubigen gesprochen. Für Santiago läßt sich allenfalls aufgrund der aus England belegten Pilgerschiffe eine vorsichtige Hochrechnung wagen: Bis zu 17 000–20 000 Pilger konnten beispielsweise in den Heiligen Jahren allein aus England in Compostela eintreffen.

Aufbruch und Ausstattung

Die schon skizzierte Vielfalt an Motivationen, die sich bei den beteiligten Personen oft gemischt haben dürften, mahnt zur Vorsicht, wenn man den typischen Jakobspilger beschreiben will. Dennoch sind einige Bemerkungen der Quellen zumindest so häufig, daß der Versuch erlaubt sei, eine Jakobspilgerfahrt im hohen und späten Mittelalter vom Aufbruch bis zur Rückkehr zu skizzieren.

Vor der Reise bereiteten sich die meisten Pilgerwilligen ausgiebig auf ihre Fahrt vor. Eine Predigt aus dem ersten Teil des *Liber Sancti Jacobi* erinnert an wichtige Punkte:

> Was nützt es dem Menschen, geliebte Brüder, eine Pilgerfahrt zu beginnen, wenn es nicht rechtmäßig geschieht? Rechtmäßig begibt sich zum Heiligtum des hl. Jakobus, wer vor Beginn seiner Reise denen, die ihm Unrecht zugefügt haben, vergibt, wer alle Vorwürfe, die andere oder sein Gewissen ihm machen, möglichst beilegt, von seinem Geistlichen, seinen Untergebenen, seiner Frau oder mit wem er sonst verbunden ist, eine rechtmäßige Erlaubnis einholt, wer, wenn möglich, zurückgibt, was er unrechtmäßig besaß, wer Meinungsverschiedenheiten in seinem Herrschaftsbereich bereinigt, wer die Buße aller annimmt, sein Haus in Ordnung zurückläßt und über seine Güter nach Rat seiner Verwandten sowie Priester als Almosen für seinen Todfall verfügt. (Herbers, Der Jakobsweg, S. 84 f.)

Viele Pilger haben vor dem Aufbruch ein Testament verfaßt. Manche Stimmen empfehlen, den Weg in völliger Armut – so wie die Apostel – anzutreten, jedoch haben die meisten Pilger

sicherlich Geld mitgenommen, denn auf christliche Nächsten-
liebe war nicht überall Verlaß. Interessanterweise kennzeich-
net der Pilgerführer des Hermann Künig von Vach aus dem
15. Jahrhundert die Orte, an denen sich die Währung änderte
und der Pilger sein Geld wechseln mußte.

Zahlreiche Abbildungen lassen die Ausstattung eines Pilgers
gut erkennen. Die schriftlichen Quellen unterstreichen, daß
hierzu sicherlich neben Mantel und Hut auch Stab und Tasche
gehörten. Die frühesten Darstellungen einer mit der Pilgermuschel besetzten Tasche finden sich im Kloster Santo Domingo de
Silos und in der Kirche Santa Marta de Tera (12. Jahrhundert).
Stab und Tasche kam zudem eine symbolische Bedeutung zu,
beide segnete der Priester vor dem Aufbruch der Pilger. Skulpturen aus Konstanz und Mainz zeigen den heiligen Jakobus mit
etwa einem halben Dutzend Pilgerstäben und Taschen: Dies verweist auf den Segen des Priesters. Die Segensformeln sind überliefert:

> Im Namen unseres Herrn Jesus Christus. Nimm diese Tasche als Zei-
> chen Deiner Pilgerschaft, damit Du geläutert und befreit zum Grab
> des heiligen Jakobus gelangen mögest, zu dem Du aufbrechen willst,
> und kehre nach Vollendung Deines Weges unversehrt mit Freude zu
> uns durch die Hilfe Gottes zurück, der lebt und herrscht von Ewig-
> keit zu Ewigkeit. Amen. (Herbers, Der Jakobsweg, S. 77 f.)

Zum Stab gibt es ein ähnliches Gebet, und die ikonographi-
schen Darstellungen sowie weitere Quellen legen nahe, daß nahezu jeder Pilger in einer kleinen Gruppe reiste.

Gefahren und Riten unterwegs

Wenn ein Pilger nach Vorbereitung, Segnung und Verabschie-
dung seinen Weg antrat, so wird er nicht sklavisch vorgeschrie-
bene Routen benutzt haben, sondern seine Strecke je nach Mo-
tiven, Möglichkeiten und anderen Gegebenheiten variiert haben, jedoch dürften die meisten Jakobspilger von nördlich der
Pyrenäen in Spanien dem *camino francés* gefolgt sein, erst im
späteren Mittelalter nehmen Belege von Reisen über Katalonien

und das Ebrotal zu. Hermann Künig von Vach unterscheidet für deutsche Pilger eine Oberstraße, die von Einsiedeln nach Südwesten bis ins Rhônetal und dann durch Südfrankreich bis zu den Pyrenäen auf den *camino francés* führte, und eine Niederstraße, auf denen der Pilger ab den Pyrenäen über Tours, Paris und das heutige Belgien schließlich nach Aachen zurückkehren konnte (vgl. Karte, S. 66 f.).

Wie sehr Jakobspilger sich unterwegs an die folgenden Ratschläge des *Liber Sancti Jacobi* hielten, bleibe dahingestellt:

> Wer darauf den Weg antrat, gebe, wie wir bereits sagten, bedürftigen Pilgern, was diese für Leib und Seele benötigen, oder er gebe es, soweit er kann, seinen Brüdern, er sage keine schändlichen Worte, sondern rede über die Vorbilder der Heiligen; er meide Trunkenheit, Streit und Begierde, er höre wenn nicht täglich, so doch wenigstens an Sonn- und Feiertagen die hl. Messe, er bete ohne Unterlaß, ertrage geduldig alle Anfechtungen, und wenn er später zurückgekehrt ist, enthalte er sich unerlaubter Dinge und verharre bis zuletzt in guten Werken, damit er mit dem Psalmisten singen kann: Deine Satzungen tönen mir wie Gesänge, im Hause meiner Pilgerschaft. (Herbers, Der Jakobsweg, S. 85).

Die zahlreichen Gefahren, Mühen und Sorgen unterwegs sind vor allem Thema der Pilgerführer und -berichte. Während die Führer in der Regel Hinweise, Warnungen und zuweilen Vorurteile bieten, erfährt man aus den Berichten eher kleine Episoden, die teilweise sogar persönliche Eindrücke erkennen lassen. Die Mirakelerzählungen greifen gerade im Falle der Jakobuspilgerfahrt häufig Mühen und Gefahren des Weges auf. Nicht nur die Mächte der Natur, schlechte Wege und andere Hindernisse erschwerten den täglichen Marsch der Pilger, sondern dieser mußte sich auch vor den Nachstellungen betrügerischer Zöllner, Wirte und Geldwechsler in Acht nehmen. Schon deshalb war das Reisen in einer kleinen Gruppe angeraten. Das Jakobsbuch warnt die Pilger zum Beispiel vor «todbringenden Wassern» und rät vom Verzehr bestimmter Speisen ab. Bei Überquerung der Flüsse bestehen Gefahren, weil die Fährleute nur ihren Gewinn vor Augen haben, wie der Autor drastisch beschreibt:

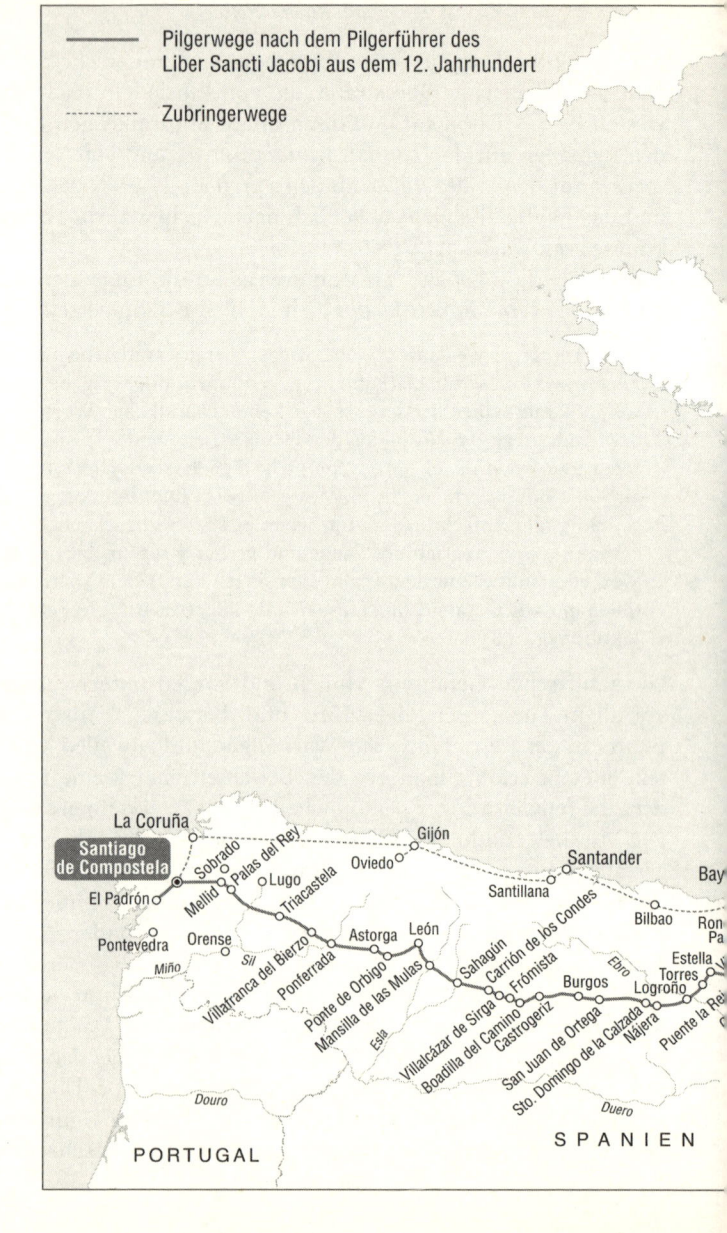

Pilgerwege nach dem Pilgerführer des
Liber Sancti Jacobi aus dem 12. Jahrhundert

Zubringerwege

La Coruña
Santiago de Compostela
El Padrón
Pontevedra
Sobrado
Mellid
Palas del Rey
Lugo
Triacastela
Orense
Villafranca del Bierzo
Ponferrada
Astorga
León
Ponte de Orbigo
Mansilla de las Mulas
Sahagún
Carrión de los Condes
Frómista
Villalcázar de Sirga
Boadilla del Camino
Castrogeriz
Burgos
San Juan de Ortega
Sto. Domingo de la Calzada
Nájera
Logroño
Estella
Torres
Puente la Rei
Gijón
Oviedo
Santillana
Santander
Bilbao
Bay
Ron
Pa

Miño
Sil
Esla
Ebro
Douro
Duero

PORTUGAL

SPANIEN

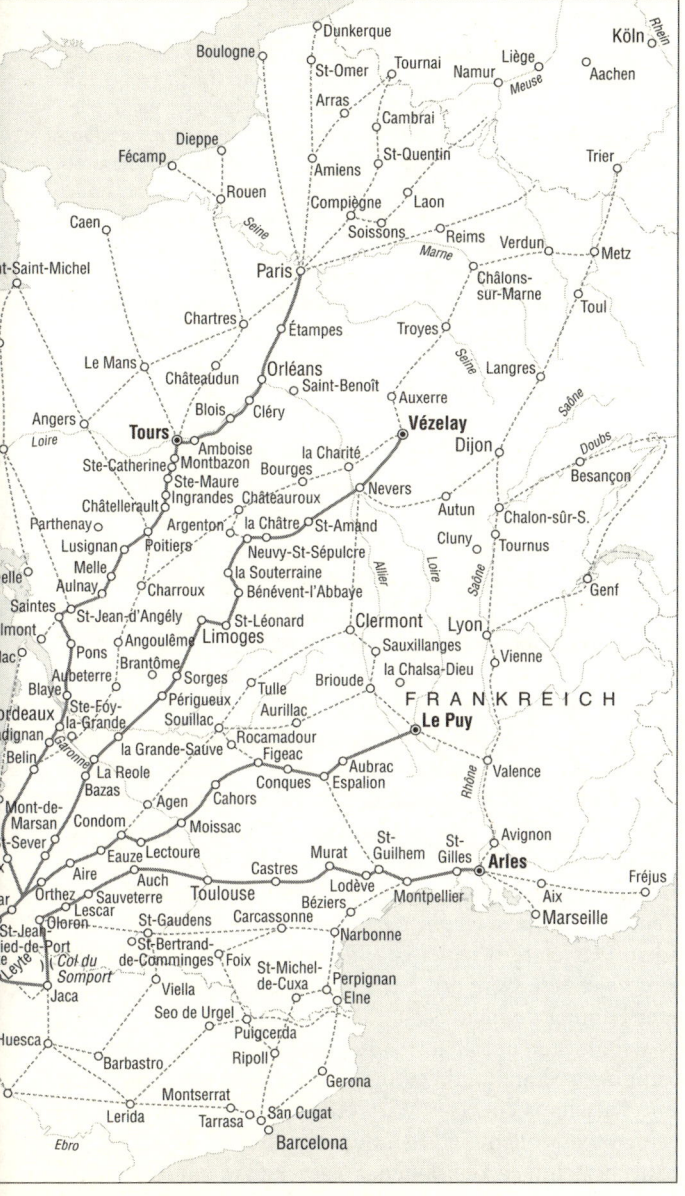

Beim Verlassen dieser Gegend führt der Weg nach Santiago nahe beim Ort St-Jean de Sorde über zwei Flüsse, einer fließt rechts und einer links; sie heißen «Bach» und «Fluß» und können nicht ohne Floß überquert werden. Ihre Fährleute sind entschieden zu verdammen! Obwohl nämlich jene Flüsse schmal sind, verlangen diese gewöhnlich von jedem, den sie ans andere Ufer bringen – ob arm oder reich –, eine Münze [...] Es ist ratsam, daß du dein Pferd am Zügel nach dir ziehst, und zwar außerhalb des Bootes, im Wasser. Besteige das Boot nur mit wenigen, denn wenn es zu sehr beladen ist, kentert es rasch. Oftmals lassen die Fährleute, nachdem die Pilger bezahlt haben, eine große Menge in das Boot einsteigen, damit das Schiff kentert und die Pilger im Wasser ertrinken. Dann freuen sie sich hämisch und bemächtigen sich der Habe der Toten. (Herbers, Der Jakobsweg, S. 112 f.)

Die Schuhe der Pilger wurden besonders beansprucht; etwa auf der Hälfte der Wegstrecke, die Hermann Künig von Vach in seinem Führer von 1495 beschreibt, heißt es bezeichnenderweise kurz vor der Pyrenäenüberquerung: «Nach zwei Meilen folgt ein Städtchen, in dem Nägel gemacht werden, die sich die [Jakobs-] Brüder in ihre Schuhe schlagen.» (Künig, nhdt., S. 67 und 70).

Der Pilgerführer des *Liber Sancti Jacobi* kritisiert südlich der Pyrenäen vor allem die Bewohner von Navarra mit drastischen Worten; andere Völkerschaften am Weg werden positiver dargestellt. Über die Jahrhunderte hinweg findet sich die Kritik an den bösen Wirten und hinterhältigen Spitalmeistern. Die immer wieder erhobenen Vorwürfe gegen Lug und Betrug in den Gasthäusern scheinen das Bewußtsein und die Ängste bei einer Pilgerfahrt stark bestimmt zu haben. Mit zwei Orten zwischen den Pyrenäen und Burgos lassen sich exemplarische Geschichten verbinden. Das erste Beispiel ist eine erstmals im 12. Jahrhundert aufgezeichnete weitverbreitete Wundererzählung, das Galgen- oder Hühnerwunder.

Nach der ältesten überlieferten Fassung ging ein Vater mit seinem Sohn nach Santiago de Compostela und kehrte unterwegs in einem Wirtshaus ein. Der Wirt versteckte im Gepäck seiner Gäste einen wertvollen Gegenstand, um nachher die Gäste des Diebstahls bezichtigen zu können. So geschah es dann am nächsten Morgen. Von einem Richter wurde schließlich der Sohn zum Tode verurteilt, der Vater pilgerte jedoch weiter nach Compostela und rief den heiligen Jakobus an, der ihm sagte, daß sein Sohn weiterhin lebe und er an die Stelle zurückkehren solle, wo man diesen erhängt habe. Der Vater begann seinen Rückweg voll Freude und teilte dem Richter mit, er wisse, daß sein Sohn lebe. In jüngeren Versionen heißt es dann weiter: Da lachte der Richter und verglich den vermeintlich toten Sohn mit seinen Hühnern, die er gerade auf einem Bratspieß röstete. In diesem Augenblick flogen jedoch die Hühner vom Bratspieß und «bewiesen» damit, daß auch der Sohn lebte, den man anschließend vom Galgen abnahm. An seiner Stelle wurden Wirt und Richter bestraft.

Eine frühe Mirakelerzählung verband Toulouse mit diesem Geschehen, seit dem 13. Jahrhundert findet sich diese Wundergeschichte jedoch zumeist in Santo Domingo de la Calzada angesiedelt, und noch heute kann man in dieser Kirche den legendären Käfig mit den Hühnern bestaunen, die an die verräterischen Hühner des Wirtes erinnern und immer noch nach einem besonderen Ritual gefüttert werden. Eine in Avignon 1350 ausgestellte Urkunde erwähnt schon diesen Hühnerkäfig unter den Reliquien der Kathedrale. Einige Pilger sollen sich später sogar Federn der Hühner an ihren Pilgerhut gesteckt haben, wie dies im 16. Jahrhundert Marineus Siculus vermerkte. Manche seiner Zeitgenossen hielten es angesichts dieses Brauches fast schon wieder für ein Wunder, daß die Hennen überhaupt noch Federn trugen. Die Wundergeschichte wirkte außerordentlich breit; nicht nur im deutschsprachigen Raum gibt es eine große Anzahl von Varianten und sogar von Theaterstücken.

Vielleicht etwas weniger lange bekannt blieben die Nachstellungen eines Spitalmeisters in Burgos im 15. Jahrhundert, die Hermann König und ein Pilgerlied des 15. Jahrhunderts («Wer daz elent bawen wel») ausführlich thematisieren. Künig, der in seiner Wegbeschreibung ausdrücklich auf das Hühnermirakel verweist, aber ansonsten seinen Lesern verrät, wo Deutsche willkommen sind, wo gute und wo schlechte Wirte warten, schreibt zu Burgos:

Auf dem Berg gabelt sich der Weg,
welchen von den beiden Wegen du wählst, ist egal:
Der rechte führt zu einem Spital, bis zu dem es aber noch weit ist,
der linke führt zu einer Schenke.
Dann gehst du über eine stattliche Brücke,
so kommst du bald nach *Burges* hinein.
In der Stadt gibt es 32 Spitäler.
Das königliche Spital übertrifft alle anderen,
darin bekommt man satt zu trinken und zu essen.
Hennikynß Spital sollst du auch nicht übersehen,
darin findest du gute Betten und Almosen.
Du kannst aber auch das Spital der Ritter aufsuchen.
Die Stadt hat viele schöne Türme.
Der Bruder, der die Säule sehen will,
an der man den Spitalmeister erschossen hat,
der 350 Brüder vergiftet hatte,
halte sich, wenn er über die Brücke geht, rechts,
nahe bei des Königs Spital steht sie dann gleich.
(Künig, nhdt., S. 79 und 83)

Diese Erzählung griff das Pilgerlied «Wer daz elent bawen wel»
ausführlicher in insgesamt zehn Strophen auf. Es berichtet, wie
sich der König selbst, als Pilger verkleidet, über die Zustände im
Spital von Burgos informierte, weil er den deutschen Pilgern zunächst nicht glauben wollte, dann aber doch feststellen mußte,
daß die Suppe nicht rein, die Brote zu klein und die Betten nicht
sauber waren:

15. Der könig der was ein biderman,
in pilgramkleider legt er sich an,
sein spital wolt er beschawen,
was im die teutschen brueder sagten,
das wolt er nit gelawen.

16. Da gieng er in das spital ein,
er hieß im bringen brot und wein,
die supp, die was nit reine:
«Spitelmaister, lieber spitelmaister mein!
Die brot seint vil zu kleine.»

17. Der spitelmaister was ein zornik man:
«Der greulich hat dich herein getran,
das nimt mich immer wunder,
und wärstu nit ein welscher man,
ich vergäb dir wie den teutschen hunden.»

18. Und da is an den abent kam,
die brueder wolten schlafen gan,
der pilgram wolt schlafen alleine:
«Spitelmaister, lieber spitelmaister mein!
Die pet seint nit gar reine.»
(Röhrich/Brednich, Volkslieder 1, S. 294–298)

Neben den betrügerischen Wirten kamen auch Händler, Geldwechsler und «Schlepper» durch Pilgerbetrug zu Reichtum. Jedoch wurden andererseits große Mühen aufgewandt, um den
Weg sicherer und leichter begehbar zu machen. Die Urkunden
zum Pilgerschutz nahmen seit dem 12. Jahrhundert deutlich zu,
die Verbesserung der materiellen Bedingungen durch Straßen-
oder Brückenbau, die von den Fährleuten unabhängig machten,
sind ebenso seit dieser Zeit verstärkt belegt, ein besonderes
Zeugnis ist die Brücke der Königin, welche die Gemahlin Sanchos III. von Navarra, Doña Mayor, zu Beginn des 11. Jahrhunderts am gleichnamigen Ort (Puente la Reina) über den Río
Arga errichten ließ.

Außerdem verweisen die erhaltenen Pilgerführer ihre Leser
auf Orte, die sie unterwegs besuchen sollten. Das Büchlein des
12. Jahrhunderts nennt am Rande die gängigen Gründe, die Pilger an den wichtigsten Devotionsstätten Frankreichs Halt machen ließen: Wunder sowie die Aussicht auf Sündenvergebung.
Allerdings werden zuweilen auch Kirchen und deren Inventar
beschrieben; die Charakterisierung eines Sarkophags in St-Gilles
im 12. Jahrhundert sucht ihresgleichen. Interessant ist, daß der
Autor im gleichen Kapitel an Heiligtümern in Spanien nur den
Heiligen Dominikus (de la Calzada, gest. 1109), der Pilgerwege
befestigt hatte, als besuchenswert erwähnt, daneben noch die
heiligen Facundus und Primitivus in Sahagún sowie Isidor von
Sevilla, der seit 1063 in León ruhte. Sieht man von der herausragenden Rolle Isidors ab, so erscheint die Erwähnung des Stra-

ßenbauers durchaus programmatisch; der Ort Sahagún wurde aber wohl deshalb genannt, weil die Basilika angeblich durch Karl den Großen erbaut wurde und Karl hier eine Schlacht gegen die muslimischen Gegner geschlagen haben soll. Beziehungen zwischen der *Historia Turpini* und dem Pilgerführer werden hier erneut deutlich.

Der Weg sah zahlreiche Riten unterwegs vor, die das Jakobsbuch im Zusammenhang mit Roncesvalles, Triacastela oder mit Lavacolla, kurz vor Ankunft in Santiago, erwähnt. In Roncesvalles beugten die Pilger die Knie und stellten ein Kreuz auf, in Triacastela empfingen sie einen Stein, den sie nach Castañola mitnahmen, wo daraus Kalk für den Bau der apostolischen Basilika hergestellt wurde. Und kurz vor der Stadt Santiago legten die Jakobspilger ihre Kleider ab und wuschen sich «aus Liebe zum Apostel».

Ankunft und Rückkehr

Ziel einer Pilgerreise blieb das Apostelgrab, der Weg dorthin bedeutete Buße und versprach Läuterung, Heilung an Seele und Leib. In Santiago verbrachten die meisten Pilger die erste Nacht wachend in der Nähe des Heiligengrabes. Diese Nachtwachen werden in einer Predigt des Jakobsbuches beschrieben, die die im 12. Jahrhundert hauptsächlich an der Pilgerschaft beteiligten Volksgruppen hervorhebt:

> Mit übermäßiger Freude bewundert man die große Schar der Pilger, die beim ehrwürdigen Altar des heiligen Jakobus Nachtwache hält: Die Deutschen weilen auf der einen Seite, die Franken auf der anderen, die Italer schließlich auf der dritten; sie halten Kerzen in den Händen, so daß die ganze Kirche wie durch die Sonne an einem hellen Tag erstrahlt. Nur mit seinen Landsleuten vollzieht jeder die Nachtwache, manche spielen Leier, Lyra, Pauke, Quer- und Blockflöte, Posaune, Harfe, Fidel, britische oder gallische Rotta; manche singen während der Nachtwache von Psalterien oder anderen Musikinstrumenten begleitet; manche bereuen ihre Sünden, lesen Psalmen oder geben Almosen. (Herbers, Der Jakobsweg, S. 72 f.)

Manche blieben sogar am heiligen Ort, um dort im Zustand der Gnade zu sterben; schon im 12. Jahrhundert ist ein Bestattungs-

Abb. 6 Jakobus krönt zwei Pilger und belohnt sie für die Mühen ihrer Pilgerfahrt. Darstellungen solcher Pilgerkrönungen sind vor allem im deutschen Sprachraum überliefert. Holzschnitt aus dem Werk *Die Jacobsbrüder* von Kunz Kistener, Basel 1516.

ort für Pilger in Compostela belegt. Allerdings verweilten die Gläubigen, soweit Mirakel- oder Pilgerberichte hierzu Stellung nehmen, eher relativ kurz, oft nur wenige Tage. Es reichte offensichtlich, die wichtigsten Riten zu vollziehen, wozu für die deutschen Pilger im späten Mittelalter auch die Huldigung einer Krone gehörte, wie Quellen der Basilika aus der Mitte des 13. Jahrhunderts belegen. Diese Krone befand sich normalerweise mit einem Vortragekreuz im Schatz der Kathedrale. Vor der Krone sollten deutsche Pilger eine Opfergabe darbringen. Der Ursprung dieses Aktes ist unklar. Zuweilen befand sich die Krone wohl auch auf dem Altar. Der rheinische Pilger Arnold von Harff notierte Ende des 15. Jahrhunderts, daß die Pilger hinter dem Altar hinaufstiegen und sich selbst mit einer Krone auszeichneten. Man habe sich – so Harff – in Compostela deshalb über die Deutschen lustig gemacht. Vielleicht führte dieser Ritus dazu, daß nur in deutschsprachigen Gebieten bildliche Darstellungen einer Pilgerkrönung durch den Apostel Jakobus anzutreffen sind.

Fast alle Pilger, die zurückkehrten, erwarben in Compostela die berühmte Pilgermuschel. Das Villiger-Fenster, ein Kirchenfenster aus Freiburg (Anfang 16. Jahrhundert), läßt nicht nur die Kathedrale und eine Pilgerkrönung, sondern auch den Verkauf der Pilgermuschel und anderer Pilgerzeichen, die meist aus Pechkohle (Gagat) gefertigt wurden, an einem Stand vor dem Nordportal der Kathedrale von Compostela erkennen. Dort und nicht an dem heute so oft bestaunten, 1188 errichteten Westportal (Portico de la Gloria) traten die Pilger nach ihrem langen Weg in die Kathedrale ein. Dieses Pilgerzeichen, meist an den Pilgermantel, die Tasche oder den Hut geheftet, zuweilen auch am Pilgerstab baumelnd, hatte mehrere Bedeutungen und Funktionen. Es bot dem Pilger eine Erinnerung sowie einen wichtigen Nachweis der vollendeten Pilgerfahrt. Wahrscheinlich wurde die Jakobsmuschel als Pendant zur Palme der Jerusalem-Pilger eingeführt, wie eine Predigt im Jakobsbuch im 12. Jahrhundert vermerkt. Der Verkauf von Muscheln, anderen Pilgerzeichen und Devotionalien wurde besonders seit dem 13. Jahrhundert zu einem heiß umstrittenen, einträglichen Geschäft. Hier konkurrierten die Kathedrale und weltliche Händler lange Zeit.

Über den Rückweg ist im Mittelalter weniger aufgeschrieben worden als über den Hinweg, allenfalls herausragende Ereignisse wurden berichtet, andere Routen verlockten zu weiteren Erzählungen. Auch über die Aufnahme der Pilger zu Hause wissen wir nur in einzelnen Fällen Bescheid, zuweilen lassen aber Gründungen von Bruderschaften, Stiftungen von Kunstwerken oder Epitaphien die Folgen erkennen.

Eindrücke und Erinnerungen

Einer solchen typisierenden Fahrt mittelalterlicher Pilger ließe sich ein sehr viel farbigeres Bild an die Seite stellen, wenn die seit dem 15. Jahrhundert überlieferten Pilgerberichte einzeln ausgewertet würden. Sie geben ausführlicher – zuweilen sogar geschwätzig – über ihre Fahrten Auskunft. In der Regel spielen aber Mühen, Gefahren und Wirtshauselend in den Berichten, die adelige und bürgerliche Reisende von Stand hinterlassen haben, eine geringere Rolle als in den Führern. Hierzu gehören der Bericht des Augsburgers Sebastian Ilsung aus dem Jahr 1446,

zwei Fassungen eines Berichts über die Reise des Böhmen Leo
von Rožmital (1465–1467), die Aufzeichnungen des Nürnberger Arztes und Kosmographen Hieronymus Münzer (1494/95)
und diejenigen des Nürnberger Kaufmanns Sebald Örtel (1521/
22), um nur einige wenige zu nennen.

Diese meist sehr spannenden Schriften werden inzwischen
verstärkt von der Adelsforschung herangezogen, sie zeigen für
die Frage der Jakobspilger eine Reihe von Aspekten zu den Wegen, zu vielfältigen Aufträgen sowie zu den Zielen und Interessen der Reisenden und Pilger. Es fällt auf, daß fast alle Reisenden, obwohl die Aufbruchsorte oder Zwischenhalte nicht weit
auseinander lagen, unterschiedliche Wegstrecken einschlugen.
Sebastian Ilsung zog von Augsburg über Memmingen und Luzern nach Genf, wo er den Gegenpapst Felix V. aufsuchte und
dann wohl in dessen Auftrag auch die Königs- und Fürstenhöfe
auf seiner weiteren Reiseroute besuchte, um Anhänger für den
Gegenpapst zu gewinnen. Der böhmische Hochadelige Leo von
Rožmital reiste mit großem Gefolge von Hof zu Hof durch ganz
Westeuropa, von Prag über Bayreuth und Nürnberg, dann über
Ansbach, das Rheintal und den burgundischen Hof in den Niederlanden, England, Frankreich, Spanien und Italien. Er ließ
sich von einem Ort zum anderen weiterempfehlen und hatte
wohl diplomatische Aufträge des böhmischen Königs wahrzu-
nehmen.

Der Nürnberger Arzt und Kosmograph Hieronymus Münzer,
der vor der Pest floh und Frau und Kind in der Stadt zurückließ,
reiste über Ulm, den Bodensee und dann durch die Schweiz. Für
Hartmann Schedel und die Nürnberger Kosmographen notierte
er seine Beobachtungen fleißig, sprach wohl auch wegen der
Fahrten des Kolumbus und Afrikafahrten bei den Katholischen
Königen in Madrid und bei König Johann II. von Portugal in
Lissabon/Évora vor; in Compostela ließ er Passagen aus dem
Jakobsbuch kopieren, insbesondere über den Spanienzug Karls
des Großen.

Am ehesten hat man bei Sebald Örtel den Eindruck, daß er
ohne Aufträge und auf direktem Weg 1521–1522 nach Santiago de Compostela zog. Er reiste von Nürnberg durch Franken

und Oberschwaben und kam mit seiner Begleitung schließlich nach einer Fahrt über den Bodensee von Meersburg aus in Konstanz an. Von dort folgte er mit Varianten der «Oberstraße», wie Hermann Künig sie beschrieben hatte. Die fast buchhalterischen Notizen seiner Ausgaben unterwegs zeigen, daß der kaufmännische Geist ihm schon in Fleisch und Blut übergegangen war, daneben notierte er aber auch die Reliquien und Heiltümer. Der Preis für einen Esel, den Örtel statt seines Pferdes für die Strecke von León nach Santiago benutzte, verrät uns etwas über die Topographie und den Zustand der Wege, denn offensichtlich war das Gebirge so unwegsam, daß nur ein Esel als Reit- und Lasttier in Frage kam. Interessant sind auch die Zeitangaben: Örtel legte den Hinweg als Reiter – wenn auch mit einigen Umwegen – in gut zwei Monaten zurück. Zu Compostela heißt es lapidar: «[...] verzerten wir 2 Ducaten. Und ich lis für 1 Ducaten meß lessen vnd gab eim armen Teutschen Weber 1 Ducaten, daß er aus der gefengnus kam». Weitere Almosen werden erwähnt sowie das Spital der Katholischen Könige als besonders sehenswert hervorgehoben. Nach der Rückkehr von seiner weiten Spanien- und Compostelareise heiratete Örtel am 11. Februar 1522 die Tochter des Hans von Ploben und der Barbara Hallerin, Anna von Ploben. Er unternahm die Fahrt nicht als «Hochzeitsreise», sondern unmittelbar davor: Waren es religiöse Motivationen, die Suche nach «Welterfahrung» oder etwas anderes, was ihn diese Reise so unmittelbar vor seiner Hochzeit antreten ließ?

Trotz vieler anderer Interessen und Anliegen besuchten diese und andere Adelige oder Stadtbürger Compostela manchmal nur kurz; so dürfte der Ritter Georg von Ehingen den Umweg nach Compostela lediglich gemacht haben, weil ein Zug gegen die Muslime in Nordafrika ausgefallen war. Die Kommentare zum Ort sind unterschiedlich, Hieronymus Münzer bemängelte zum Beispiel, daß er am Heiligtum den Leichnam des Apostels nicht zu sehen bekam. «Nur durch den Glauben nehmen wir es an», bemerkt er lakonisch.

Pilgern verband sich – wie weitere Berichte unterstreichen – bei Adeligen, Patriziern und Kaufleuten meist mit politischen oder diplomatischen Aufgaben, dies führte nicht zuletzt zur Vielfalt der eingeschlagenen Wege. Ritter wie Georg von Ehingen wollten noch gegen die Sarazenen kämpfen, andere wollten Höfe besuchen, sich von den Fahrten des Kolumbus oder des Bartolomeu Diaz erzählen lassen. Ob sie eine profane Reise mit einer Pilgerfahrt verknüpften oder umgekehrt, läßt sich oft gar nicht sagen. Insgesamt scheint die Mischung verschiedener Motive typisch zu sein. Doch offensichtlich gehörte bei fast allen Reisenden ein Besuch in Santiago einfach dazu.

Stellt man dieses Bild über die Jakobuspilgerfahrten, wie es sich aus den Berichten einer eher europäischen Welt des Adels und der Patrizier ergibt, demjenigen gegenüber, das die Pilgerführer und das Pilgerlied im 15. Jahrhundert zeichnen, so erscheinen letztere wesentlich ängstlicher und «nationaler». Sie berücksichtigen die Schwierigkeiten in der Fremde, die fehlenden Sprachkenntnisse der meisten Pilger. So warnt Künig vor manchen fremden Wirten und schreibt außerdem, man könne von Tours durch das «Westreich» nach Lothringen und so schneller «in deutsche Lande» kommen, wo man sich mit den Leuten unterhalten könne (Vers 587–590). Die Fremde erscheint in den Führern für Pilger oft verschlossen, die Bedrohungen werden durch Warnungen und praktische Hilfen abgemildert.

«Deutsch» und «welsch» sind im Pilgerlied «Wer das elent» wichtige Ordnungskriterien, die gleichzeitig Grenzen schaffen und deutsche Pilger von einer fremden Umgebung abgrenzen. Der Ausdruck «welsch» meint alles, was nicht deutsch ist. «Kumt er in die welschen Land, er findt kein teutschen priester», dem der Pilger seine Sünden beichten könnte. Stirbt ein Pilger gar in welschem Land (Strophe 4), dann wird er neben der Straße begraben. Sogar die natürlichen Hindernisse werden auf diesen Begriff bezogen, denn es «liegen fünf Berge in welschen land», die überquert werden müssen und in mehreren Strophen einzeln behandelt werden. Der letzte dieser Berge birgt so viele Gefahren, daß dort sogar viele tote Pilger aus deutschem Lande zu finden seien. Grenzen wurden mithin durch Berge und empfangs- und weniger empfangsbereite Völker definiert, jedoch wird dabei fast alles auf deutsch und welsch bezogen. Die Perspektive scheint vertraut. Berichte von Höhergestellten schenkten diesen Aspekten kaum Interesse, aber sie konnten sich schließlich anders bewegen und weltläufig darstellen, weil sie in ihrem Gefolge meist einen Dolmetscher oder Herold mit Sprachkenntnissen sowie weitere Vermittler zur Verfügung hatten. Vor dem Hintergrund der vielfach beschworenen Entstehung Europas auf den Pilgerwegen stimmen solche Beobachtungen eher nachdenklich. Zwar lernten auch ängstliche Pilger andere Völker kennen, aber die Verarbeitung dieser Eindrücke hing maßgeblich von den sozialen und anderen Voraussetzungen wie Bildung, Sozialisation oder wirtschaftlichen Möglichkeiten der einzelnen ab.

6. «laß raisen wer da wil, bleib du dahaim»

Die Pilgerfahrten nach Santiago de Compostela gelten als ein Phänomen des Mittelalters, das erst in jüngster Zeit wieder von sich reden macht. Wenn die Reformation aber die Pilgerfahrten wirklich zerstört haben sollte, wie dies oft zu hören ist, betraf dies dann ganz Europa? Blieben nicht viele Länder, die an der Pilgerbewegung beteiligt waren, katholisch? Die Krise der Fahrten ging tiefer und kann kaum auf die Reformation reduziert werden. Neben der Kritik an der Pilgerfahrt muß die Veränderung der Praxis bedacht werden, denn vielleicht trugen auch neue Rahmenbedingungen des 15. und 16. Jahrhunderts dazu bei, daß die Compostelafahrten in eine Krise gerieten.

Kritik an Reliquien, Wundern und Pilgerfahrten

Die Pilgerkritik ist keine Erfindung der Reformation, sondern sie ist fast so alt wie die Pilgerfahrten selbst. Dabei mischten sich grundsätzliche Fragen zu Reliquien- und Wunderglauben mit solchen zur praktischen Durchführung und zu Verehrungsformen. Die Reliquienverehrung war schon in den Anfängen umstritten. Zweifel hingen mit unterschiedlichen Vorstellungen von der Realpräsenz der Heiligen in ihren Gräbern zusammen. Die Verehrung der Ahnen und Vorfahren an den Grabstätten ist ein verbreitetes Phänomen der Religionsgeschichte. Diese Verehrung basierte meist auf der Grundannahme, daß die Toten weiterlebten. Solche Traditionen wurden im Christentum teilweise in Frage gestellt, vor allem wenn man zwischen einem himmlischen und einem irdischen Leib unterschied (1. Korinther 15,40–44). Gegenüber solchen Interpretationen konnten allerdings Berichte über das leere Grab Christi nach der Auferstehung eher zu der anderen Auffassung führen, daß auch der irdische Leib an der Auferstehung teilhabe, zumal man den Auferstandenen mit dem Psalmwort charakterisierte, daß Gott seine Heiligen die Verwesung nicht schauen lasse (Psalm 16 [15],10).

Daher gab es unter Theologen im Laufe der Jahrhunderte verschiedene Auffassungen von der Bedeutung der Reliquien. Die Kritik reichte von spätantiken Einlassungen («Canones Basilii» des Vigilantius, gest. ca. 420) über die Position karolingischer Theologen wie Claudius von Turin (gest. 827) und Agobard von Lyon (gest. 840) bis hin zu Kritikern, die im 11. und 12. Jahrhundert die Auseinandersetzungen weiter vertieften. Besonders bekannt ist die Schrift des Abtes Guibert von Nogent (gest. 1121) über die Heiligen und ihre Reliquien (*De sanctis et eorum pignoribus*), der sich vor allem auf die Praxis bezog. Wenn dieselben Reliquien an mehreren Orten gleichzeitig verehrt werden, so Guibert, werde an manchen Stellen mit Lüge und Betrug gearbeitet. Aber der Mönch aus Nogent stellte weitere Fragen: Warum wurde im Zeitalter Jesu, als das jüdische Sakralrecht verbot, Überreste der Verstorbenen zurückzuhalten, nichts über die Sammlung von Reliquien berichtet, die nun, wie die Milch Mariens oder die Vorhaut Jesu in Laon verehrt würden?

Neben solchen Fragen, aus denen im späten Mittelalter und der Zeit der Reformation weitere Kritik erwuchs, gab es eine Vielzahl von Versuchen, Mißbräuche anzuklagen, Widersprüche offenzulegen und zu glätten. Die großen Sammlungen von Heiligenviten und Wundergeschichten, wie sie die Dominikaner Jean de Mailly oder Jakob von Varazze (Voragine) (gest. 1298) im 13. Jahrhundert mit ihren meist nach dem Jahreszyklus geordneten Legendaren ins Werk setzten, waren unter anderem dem Anliegen verpflichtet, historische Daten zu berichtigen und eventuell widersprüchliche Traditionen zu klären.

Die Kritik betraf nicht nur die Reliquien, sondern auch die Wunder. Denn letztlich belegten – auch im Falle des heiligen Jakobus in Compostela – die Wunder für viele Gläubige die Echtheit und Wirkkraft der Reliquien. Auch hierzu fehlte es nicht an theoretischen Diskussionen. Seit der Spätantike, insbesondere seit Augustinus, rangen Theologen darum, die Eingriffe übernatürlicher Kräfte theologisch genauer zu erklären. Nach Augusti-

nus (gest. 430) geschahen Wunder nicht gegen die Natur (*contra
naturam*). Damit sollte das christliche Mirakel im Sinne Augu-
stins auch magische Vorstellungen der Antike überwinden.
Dennoch erschienen Wunder als der Eingriff übernatürlicher
Kräfte in die menschliche Welt. Die weiteren Diskussionen gip-
feln in der Position des Thomas von Aquin (gest. 1274), der ein
Mirakel noch als «über» der Natur (*supra naturam)* versteht,
eine göttliche Intervention gegen die Natur ausschloß, also das
christliche Mirakel relativ eng faßt. Aber wie bei der Kritik an
der Reliquienverehrung zielten die Angriffe nicht nur auf die
Theorie, sondern auch auf konkrete Einzelfälle. Einzelne Wundergeschichten konnten in Zweifel gezogen, Widersprüche thematisiert, Historizität angezweifelt werden. Und so kritisierte
der zitierte Guibert von Nogent diesen Bereich und mahnte kritischen Geist an. Selbst wenn Gott allmächtig sei, vollbringe er
nicht alles, was er könne. Aus einem Holzklotz habe er noch nie
ein Kalb gemacht. Deshalb sei es geboten, bevor man zu Wundergeschichten flüchte, zuvor alle Möglichkeiten einer natürlichen Erklärung auszuschöpfen.

Ähnlich wurde Kritik grundsätzlicher und konkreter Art ge-
äußert, seitdem Aspekte der Straftilgung in Form des Ablasses
beim Besuch von Pilgerorten in den Vordergrund traten. Die
Kritik des Pilgerns betraf oft die konkreten Unstimmigkeiten
zwischen Theorie und Praxis, zwischen Anspruch und Wirklichkeit. Die habgierigen Wirte und die Händler der Pilgerorte,
denen es ums Geschäft und nicht um Frömmigkeit ging, waren
permanente Zielscheiben solch kritischer Bemerkungen.

Die Unzufriedenheit mit den theoretischen Vorgaben und
mit den praktischen Auswüchsen spielte eine Rolle, wenn im
späten Mittelalter immer wieder neue Formen des Pilgerns gesucht wurden, die weniger die äußere Verehrung von Grabesor-
ten, das Wunder oder den Ablaß in den Mittelpunkt stellten, als
vielmehr die innere Selbstheilung als wesentliches Ziel formu-
lierten. Im ausgehenden Mittelalter entwickelten sich verstärkt
Ansätze, um die eigentlichen Ziele einer Pilgerfahrt neu zu defi-
nieren und diese auch mit neuen Mitteln umzusetzen.

Geistig-geistliche Pilgerfahrten

Deshalb gehört zur Geschichte des Pilgerns und der Jakobspil-
gerfahrten ein kurzer Blick auf Versuche, durch sogenannte geistig-geistliche Pilgerfahrten neue spirituelle Dimensionen christlicher Frömmigkeit zu erschließen. Der italienische Autor Niccolò da Poggibonsi faßt im 14. Jahrhundert zusammen, daß
Armut, Mühsal oder die fehlende Erlaubnis verschiedene Perso-
nenkreise daran hinderten, auf Pilgerfahrt zu gehen. Daher ent-
warfen beispielsweise Gabriele Capodilesta im Auftrag der Äb-
tissin und der Nonnen des Sankt-Bernhards-Klosters in Padua
oder der Dominikaner Felix Fabri (gest. 1502) für die domini-
kanischen Klosterfrauen in Ulm und Umgebung Werke, die zu
einer Pilgerfahrt im Geiste anregten und die Nonnen in einzelnen Tagesreisen zu den großen Pilgerzentren Rom, Jerusalem
und Santiago führten. In der mittelalterlichen Gesellschaft gab
es einen breiten Personenkreis, darunter häufig Nonnen, die
sich zuweilen gern von ihrem Ort entfernen wollten, aber nicht
durften. Diesem Mangel half Felix Fabri ab. Er war selbst nach
Jerusalem gepilgert und las nun den Nonnen aus seinen Aufzeichnungen die Reise des geistlichen, des «Sionpilgers», in Ab-
schnitten vor. In einer Art Prolog seines Werkes erläutert er die
Genese. Die Dominikanerinnen aus Ulm hatten den Autor um
einen Bericht seiner Pilgerreise als Ausgangspunkt für eine eigene Pilgerfahrt im Geiste gebeten: Weitere Nonnen aus anderen
Konventen kamen hinzu, um Felix Fabri zuzuhören, der begann, seine Eindrücke aufzuschreiben. Wenn man dem Prolog
glauben darf, so verlangte das Publikum nach einer «Geistlichen Pilgerfahrt» auf der Basis eines konkreten Berichts, und
der Autor verfaßte sein Büchlein, indem er Konkretes mit Spiri-
tuellem verband. Ausgangspunkt blieb hierbei die Beschreibung
seiner persönlichen Erfahrungen. Wie die leibliche Pilgerfahrt
eine Ahnung von der Reise zum himmlischen Jerusalem ver-
mittelt, so auch die «geistliche Pilgerfahrt», die sogar direkter,
nämlich ohne alle «leiplich aus schweifung» dorthin führe, erläutert der Verfasser. In zwanzig Regeln, die er an andere Klöster der Dominikanerinnen in Schwaben verschickte, erklärt er

den Unterschied zwischen leiblichen Pilgern und geistlichen Pilgern, die er «Sionpilger» nennt, weil sie die Gnade Gottes finden wollten.

Felix Fabri beschreibt in seinem Buch die geistlichen Pilgerfahrten nach Jerusalem, Rom und Santiago de Compostela und schafft es, durch Abschnitte für verschiedene Tage räumliche und zeitliche Vorstellungen zu verbinden. Denn er teilte die Abschnitte seiner fiktiven Tagesreisen mit den entsprechenden Gebeten so ein, daß offensichtlich Raum und Zeit verknüpft werden sollten. Der Hörer erfuhr im übertragenen Sinne während der Lesezeit eines Jahres nicht nur vieles über die drei wichtigen Pilgerziele Jerusalem, Rom und Santiago, sondern machte dazu ohne allzu große eigene Mühe «vil umwegs» zu den anderen Heiligen. Damit bot Felix Fabri in seinem Buch eine Hagiotopographie und zugleich eine Hagiochronologie.

In Deutschland setzte neben Felix Fabri der bekannte Geiler von Kaysersberg (gest. 1510) noch stärkere Akzente und erreichte offensichtlich weitere Kreise. Seinen Überlegungen kam zugute, daß die Person des Pilgers ja nicht nur mit Reisen zu heiligen Gebeinen verknüpft war, sondern seit der Antike auch als Bild für den Gläubigen auf dem Weg ins himmlische Vaterland diente. Diese lange Tradition hatte schon Guillaume de Degulleville um 1350 in seinem Buch *Pèlerinage de la vie humaine* aufgegriffen und damit auf diesen Strang christlicher Tradition wieder aufmerksam gemacht. Peter von Merode hatte um 1430 in einer deutschen Übertragung die *Pilgerfahrt des träumenden Mönches* behandelt. Der Kanzler der Pariser Universität, Johannes Gerson (gest. 1439), thematisierte ähnlich den Erdenpilger auf dem Weg zum himmlischen Jerusalem. Johannes Geiler von Kaysersberg, 1445 in Schaffhausen geboren, und seit 1478 als Münsterprediger in Straßburg belegt, hielt 1488 in Augsburg einen Predigtzyklus, der unter dem Titel *Peregrinus* bzw. *Der bilger mit seinen eygenschaften* auch schriftlich niedergelegt wurde. Hier griff der Prediger das Pauluswort auf, daß Pilgern zu heiligen Orten zwar seinen Sinn haben könne, daß alle Christen aber im Sinne des heiligen Paulus besonders Pilger auf dem Weg zur ewigen Heimat seien. Für diese Lebensreise bedürfe es

aber der Qualitäten eines Pilgers. Deshalb nennt er in seinen
Predigten auch die verschiedenen Ausrüstungsgegenstände eines Pilgers – Hut, Stab, Beutel – und verleiht diesen Dingen eine
übertragene Bedeutung. So bezeichne der Pilgersack die Tasche
des Glaubens, die Pilgerschuhe die Schuhe der Tugenden, die
man anziehen müsse, um zum ewigen Leben zu gelangen. Der
Hut sei hingegen der Hut der Geduld, der Pilgerumhang wird
zum Mantel der Liebe und Freundschaft, der Stab zum Symbol
der Hoffnung, und dies spielt Geiler auch für die weiteren Ge-
genstände durch. Wie der Pilger müsse jeder Christ ein Testament vorbereiten, das heißt, er müsse sich von seinen Sünden
befreien, um jederzeit für seinen Tod gerüstet zu sein. Der Pilger
trenne sich von seiner Familie; ebenso müsse sich jeder Christ
von seinen Lastern trennen und sein Leben bewußt gestalten.

Auch andere Autoren der Zeit haben diese spirituellen Um-
deutungen vollzogen, die belegen, wieviel an Reformvorstellun-
gen schon vor der Reformation diskutiert wurde.

Veränderungen des Pilgerwesens

Diese alternativen Vorschläge zum Pilgergedanken, die Kritik
und weitere Krisen konnten für den Niedergang mancher Pilgerzentren entscheidend sein. So wurde darauf hingewiesen,
daß der Niedergang Compostelas als Pilgerzentrum schon in
der zweiten Hälfte des 15. Jahrhunderts, nicht erst zur Zeit der
Reformation, begonnen habe. Allerdings dürften nicht nur die
verschiedenen Kritiken an Reliquienkult und Wunderglauben
für solche Krisen großer Zentren verantwortlich gewesen sein.
Hinzu kam, daß sich das Gefüge der verschiedenen Devotionsorte sowie die dominierenden Formen des Pilgerns veränderten.
Trägt man die nach dem 13. Jahrhundert entstandenen Pilgerorte in eine Karte ein und fragt man nach den Unterschieden,
dann würden nicht nur quantitative Verschiebungen, sondern
auch ein neuer Typus von Devotionszentren deutlich, der sich
nicht unbedingt an den Gräbern der Heiligen orientierte. Die
neuen Orte waren vielfach Stätten, an denen göttliche Eingriffe
bezeugt wurden: Dies konnte eine wundertätige Erscheinung

sein, zum Beispiel der Gottesmutter, von der keine Primärreliquien vorhanden waren, oder ein eucharistisches Wunder. Außerdem schob sich teilweise der Erwerb von Ablässen gegenüber Wundererwartung und Reliquienverehrung in den Vordergrund. Santiago konnte hier zwar durch die Heiligen Jahre, die immer dann den Pilgern besondere Gnaden in Aussicht stellten, wenn der Festtag des 25. Juli auf einen Sonntag fiel, mit großen Zentren wie Rom konkurrieren, verlor aber durch die allgemeinen Umstrukturierungen zugleich ein wenig von seiner Exklusivität.

Ähnliches gilt für Tendenzen besonders im 15. Jahrhundert, nicht nur zu verehren und zu berühren, sondern auch zu zeigen und zu schauen: Die großen öffentlichen Weisungen von Heiltümern (wozu Reliquien, aber beispielsweise auch die Reichskleinodien gehören konnten), wie sie in Aachen, Nürnberg oder Wittenberg praktiziert wurden, förderten andere Arten einer visuellen Frömmigkeit. Angesichts dieser immer größeren Vielfalt der Verehrungsformen konnte selbst ein Apostelgrab für den ein oder anderen Pilger an Attraktivität verlieren.

Hinzu kamen weitere strukturelle Veränderungen und praktische Probleme. Die verstärkt im Spätmittelalter als Strafe für Verbrechen zu einer Pilgerfahrt verurteilten Pilger begegneten unterwegs ihren Leidensgenossen: Gewaltverbrechern, Mördern und Totschlägern, Räubern, Dieben und Betrügern und der ganzen Schar kleinerer Missetäter. Weder das Ansehen der Pilgerfahrt noch die Sicherheit auf den Straßen wurden so erhöht. Gerade Strafpilgerfahrten scheinen Mißbrauch und Unsicherheit gefördert zu haben. Der Betrug an Pilgern unterwegs und in der Stadt Compostela, den eine mehrfach zitierte Predigt des *Liber Sancti Jacobi* schon für das 12. Jahrhundert anklagend geißelt, scheint in der Folgezeit eher zu- denn abgenommen zu haben. Dementsprechend fehlt es nicht an Berichten enttäuschter Pilger im 15. Jahrhundert, die sich jedoch – soweit sie des Lesens kundig waren und Zugang zu bestimmten Büchern besaßen – bald schon auch kritisch-satirische Beobachtungen zu Gemüt führen konnten.

Der Spott der Humanisten

Die allgemeine Kritik schloß das Pilgerzentrum Santiago de Compostela ein. Der Ort und das Jakobsgrab wurden zuweilen zum Paradebeispiel für die Kritik. Humanisten wie Erasmus von Rotterdam (gest. 1536) nahmen mit beißendem Spott die vielen Auswüchse der Heiligenverehrung aufs Korn und zögerten nicht, diese Formen als Aberglauben zu bezeichnen. Drastisch wird dies in den Werken des Erasmus mit Beispielen unterlegt. Quacksalber zögen durch das Land, um das Stroh der Krippe küssen zu lassen, das sie kurz zuvor aus einem Misthaufen geholt hätten. Dies alles, so Erasmus, bleibe äußerlich. Es ginge vielmehr darum, dem Beispiel des reinen Lebens der Heiligen zu folgen, nicht deren Überbleibseln. Die Bemerkungen nahmen teilweise sogar satirischen Charakter an. In der Ausgabe der *Colloquien* von 1528 gibt es ein Gespräch mit dem Titel *Peregrinatio religionis ergo* (Pilgerfahrt um der Religion willen), das den Dialog von Menedemus und Ogygius wiedergibt, die sich über die Pilgerfahrten und Gebräuche jener Zeit unterhalten. Ogygius, dessen Name Programm ist, denn er bedeutet so viel wie «alt und verstaubt», hat mehrere Pilgerorte besucht, Santiago, Walsingham und Canterbury, und muß sich nun die kritischen Fragen des Menedemus gefallen lassen. Seine abgeschlossenen Pilgerfahrten werden durch bleierne Heiligenbildchen und Muscheln versinnbildlicht. Daß Ogygius die Muschel gekauft hat, obwohl es diese im nahegelegenen Meer im Überfluß gebe, gibt Menedemus Gelegenheit zu einem Hieb gegen die Devotionalienhändler. Auch der Anlaß der Reise ist Thema. Spitz fragt Menedemus, ob dies eine Andachts- oder Vergnügungsreise gewesen sei. Die Antwort des Ogygius, er habe ein Gelübde erfüllt, wirkt komisch, weil er hinzufügen muß, daß die Mutter seiner Frau ein Gelübde abgelegt habe: Wenn ihre Tochter ein gesundes Knäblein zur Welt bringe, solle er den heiligen Jakobus persönlich besuchen, um ihm zu danken. Da platzt Menedemus der Kragen, und er fragt, was denn das für eine Sorte von Gelübde sei, die anderen, nicht den Betroffenen die Mühe einer Pilgerfahrt aufhalse. Offensichtlich lag hier ein Kernpunkt der Kritik: Gelübde für andere auszuführen, dies führe, so Erasmus, in die Irre.

Erasmus kritisierte mit intellektueller Freude an der Polemik, obwohl er selbst zweimal Gelübde einlöste, und auch ein kosmographisch ausgerichteter Humanist wie Hieronymus Münzer stellte nicht grundsätzlich die Verehrung der Heiligen in Zweifel. Aber als man ihm 1494 in Compostela den Leichnam des Apostels nicht zeigen wollte, machte er sich doch seine Gedanken und notierte ein wenig ironisch in seinen Reisenotizen, daß man die Anwesenheit des Leichnams nur durch den festen Glauben annehmen könne.

Martin Luther und die Folgen

Die Kritik und Polemik der Humanisten gehören in einen großen Strang reformerischer Ansätze des 15. und 16. Jahrhunderts. Scholastische Theologie, Spiritualität in geistlichen Pilgerfahrten, Verinnerlichung in der Mystik gehörten ebenfalls hierzu. Deshalb hat man vorgeschlagen, spätmittelalterliche und humanistische Frömmigkeit als zeitgleiche Erscheinungen zu unterscheiden. Die Kritik Martin Luthers (gest. 1546) und anderer Reformatoren sollte jedoch in manchen Punkten noch weiter gehen. Luther stand dem Pilgern weitgehend ablehnend gegenüber; auch einzelne Devotionsorte wurden hier nicht ausgenommen, obwohl lange Zeit besonders Rom als Mittelpunkt der Papstkirche im Kreuzfeuer der Anklage stand. Seine Kritik galt aber auch den Santiagofahrten. Das Thema blieb für ihn bis zum Lebensende aktuell. Kritik an der Heiligenverehrung gründet bei Luther in der Annahme, daß allein die Heilige Schrift über wahr und falsch entscheiden könne. Ein Pilger irre, wenn er glaube, beim Pilgern Gott zu begegnen.

An den leiblichen Überresten des Apostels Jakobus in Compostela meldete Luther Zweifel an, denn bei der Orientierung an biblischen Traditionen kann er nicht über das Zeugnis der Apostelgeschichte (12,2) hinauskommen, daß Jakobus von Herodes 44 nach Chr. in Jerusalem enthauptet wurde. Deshalb ist

Die Jacobs Brüder.

Abb. 7   Die Jakobsbrüder, die
hier eine Vielzahl von Pilgerzeichen an ihren Gewändern tragen, wurden im 15. und 16. Jahrhundert häufig dargestellt. Daß
dies nicht immer im positiven
Sinne geschah, zeigen die Verse
von Hans Sachs, der sie als Bettler und Gesindel betrachtet.
Stich von Jost Amann, 1568.

Wir Jacobs brüder mit grossem hauffen
Im Land sind hin vnd her gelauffen/
Von Sanct Jacob/Ach vnd gen Rom
Singen vnd bettlen one schom/
Gleich anderen presthafften armen/
Offt thut vns der Bettel Stab erwarmen
In Händen/alsdenn wir es treibn
Vnser lebtag faul Bettler bleibn.

der Reformator zumindest unsicher, ob der Jakobusleichnam
überhaupt in Compostela liegt, und greift die im 15. Jahrhundert entstandene Konkurrenz zwischen Toulouse und Santiago
de Compostela auf, die schon manche Pilgerberichte des
15. Jahrhunderts verwundert registrierten, weil ihnen auch in
Toulouse Jakobusreliquien gezeigt wurden:

> Wie er in Hispaniam kommen ist gen Compostel, da die groß wal-
> fahrt hin ist, da haben wir nu nichts gewiß von dem: etlich sagen, er
> lig in Frankreich zů Thalosa, aber sy seind jrer sach auch nit gewiß.
> Darumb laß man sy ligen und lauff nit dahin, dann man waißt nit ob

sant Jacob oder ain todter hund oder ein todts roß da liegt, ... laß raisen wer da wil, bleib du dahaim. (Martin Luther, Kritische Gesamtausgabe 10, Weimar 1905, S. 235).

Außer der generellen Kritik am Pilgern überhaupt geißelte Martin Luther auch konkrete Mißstände und Auswüchse. Zu diesen zählten die Jakobs- und Muschelbrüder, die eigentlich gar keine Pilger mehr waren, sondern das Pilgergewand benutzten, um die sozialen Vorzüge des Pilgerstandes zu genießen. Solche Personen nahm auch Hans Sachs aus Nürnberg ins Visier. Seine *Beschreibung aller Stände* zeigt, welche Personen man in dieser Zeit hauptsächlich mit dem Pilgergewand verband (vgl. Abb. 7). Gegen solche Muschelbrüder, die Jost Amman 1568 sogar in einem Stich verewigt hat, zog man während der frühen Neuzeit mit Landesordnungen und anderen Mitteln zu Felde. Der Pilger wurde durch die Kritik zunehmend zu einem Gegenstand der polemischen Literatur. Georg Wickrams Roman *Der irr reitend Bilger* (1556) atmet den Geist der Reformationszeit. Wickram stellte die katholischen Priester als gierig und geizig den evangelischen fleißigen und sauberen und rechtschaffenen Verkündigern von Gottes Wort gegenüber. Arnold, die Hauptfigur seines Romans, pilgert nach Santiago und muß immer wieder verschlüsselt oder direkt erfahren, daß Pilger ihre Zeit verschwendeten.

Die Antworten der katholischen Seite auf Luthers Kritik ließen zunächst auf sich warten. Wie in vielen Bereichen bezog vor allem der Jesuitenorden neue katholische Positionen. Der Jesuit Jacob Gretser (gest. 1625), der zwischen 1605 und 1609 für wissenschaftliche Arbeiten im Dienst der Gegenreformation freigestellt wurde, verteidigte besonders energisch das Pilger- und Wallfahrtswesen. Sein Werk über die Pilgerfahrten *De sacris et religiosis peregrinationibus* (Über heilige und fromme Pilgerfahrten, 1606) griff die verschiedenen Traditionen auf, darunter auch den Jakobuskult, den er, ähnlich wie dies Louis Richeôme 1605 in einem vergleichbaren Werk in Frankreich getan hatte, auch für Gelehrte positiv darstellte. Nur indirekt thematisierte das Konzil von Trient (1545–1563) das Pilgern, denn das Dekret

über die Heiligen-, Reliquien- und Bilderverehrung reagierte zu-
nächst vor allem auf die Auseinandersetzungen im Bilderstreit in
Frankreich. Dies betraf eher Wallfahrtsorte mit Gnadenbildern.
Die Pilgerfahrten selbst wurden nicht verboten, aber zu einem
Ort wie Compostela gingen auch Pilger aus den katholisch ge-
bliebenen Ländern seit dem 16. Jahrhundert immer seltener.
Hierzu trugen die zahlreichen kriegerischen Auseinandersetzun-
gen, insbesondere in Frankreich und der daraus folgende Paß-
zwang bei. Hinzu kamen die Zerschlagung von Institutionen zur
Pilgerbeherbergung und in Spanien vielleicht auch die Praxis der
Inquisition, die argwöhnisch auf Pilger blickte, die aus den Län-
dern der Reformation nach Santiago kamen.

7. Ein gewinnbringender Schlachtenhelfer

Die Bedeutung des Jakobuskultes bis zur Reformation war aber nicht nur mit dem Aufschwung und der Krise der Pilgerfahrten verknüpft. Die für die Europäisierung der Pilgerfahrt so folgenreichen, seit dem 12. Jahrhundert faßbaren Geschichten über den Spanienkämpfer und Jakobspilger Karl den Großen rückten auf einer europäischen Ebene neben dem Pilgerthema das Thema des Maurenkampfes in den Vordergrund. Seit dem Zeitalter der Kreuzzüge profitierte diese Thematik von einer allgemeinen Grundstimmung, für den eigenen Glauben notfalls auch mit Waffengewalt zu kämpfen. In der Eingangsvision der *Historia Turpini* hatte der Apostel den Kaiser ermuntert, er solle gegen die Muslime kämpfen und nicht nur den Weg zu seinem Grab, sondern sogar sein ganzes Land von den Ungläubigen befreien. Dafür versprach er himmlischen Lohn und die Krone des ewigen Lebens.

Diese Version knüpfte an einen doppelten Aspekt an, der im Jakobuskult seit dem frühen Mittelalter im Ansatz angelegt war. Der Apostel galt einerseits als Missionar der gesamten *Hispania*, andererseits verband sich sein Grab vor allem mit Galicien oder genauer: mit Santiago de Compostela. Das Bild des Maurenkämpfers und Pilgers Karl entwickelte sich in einer Zeit, als sich in Spanien weitere Überlieferungen formten, die den Kampf gegen die Muslime zunehmend mit dem Schutz und der Hilfe des Apostels Jakobus für ganz Spanien in Zusammenhang brachten, bis dieser dann im späten Mittelalter sogar als aktiv eingreifender Schlachtenhelfer – als Maurentöter (*matamoros*) – künstlerisch dargestellt wurde.

Die Reconquista intensivierte sich im 11. Jahrhundert. Nachdem ein starker Zentralstaat im muslimischen Kalifat von Córdoba die christlichen Reiche der Iberischen Halbinsel mit den Feldzügen al-Mansurs am Ende des 10. Jahrhunderts nochmals

Abb. 8 Hoch zu Roß trägt Jakobus als «Maurentöter» eine weiße, mit rotem
Kreuz versehene Fahne. Das Motiv geht auf die im 12. Jahrhundert entstandene
Geschichte über die Hilfe des Apostels in der Schlacht von Clavijo (844?) zurück.
Im Reich wurde es erst Jahrhunderte später vor allem in der Zeit des Vordrin-
gens der Osmanen Richtung Wien aufgegriffen, wie auf diesem Deckenfresko in
Villenbach aus dem 18. Jahrhundert.

bedroht hatte, gewannen die christlichen Reiche im 11. Jahrhundert auch militärisch die Überhand. Die Zersplitterung der muslimischen Herrschaft nach dem Untergang des Kalifates (1031/1035) förderte diesen neuen Zustand. Wichtige Schlachten verbinden sich mit dem Jahr 1064: Im Osten der Iberischen Halbinsel brachte die Eroberung von Barbastro einen deutlichen Durchbruch für die Christen, im Westen waren die Kämpfe um das portugiesische Coimbra entscheidend für die künftige Verehrung des heiligen Jakobus als Schlachtenhelfter.

Die Eroberung von Coimbra

Der Eroberung von Coimbra durch Ferdinand I. von Kastilien-León am 9. Juli 1064 war eine lange, vergebliche Belagerungszeit vorangegangen. Dies führte schon wenige Jahrzehnte später dazu, den endlich errungenen Sieg religiös zu überhöhen und die Ereignisse auszuschmücken. Die Mitwirkung des Apostels verzeichnen bereits die ältesten Berichte, die Chronik aus dem Kloster Silos und eine Mirakelerzählung, die in die Sammlung des *Liber Sancti Jacobi* aufgenommen wurde. Die Chronik aus Silos erzählt, der König habe vor der Eroberung von Coimbra Santiago de Compostela aufgesucht, drei Tage den Apostel angerufen und sein Gebet durch eine Schenkung bekräftigt. Dann habe der Herrscher mit dem weltlichen Schwert gekämpft, während Jakobus Fürsprache bei Gott für den Sieg als Streiter Christi eingelegt habe. Dies habe der Apostel auch in Compostela mitgeteilt. Ein griechischer Pilger hörte in der Kirche von Santiago, daß Leute aus der Umgebung Jakobus als guten Ritter (Streiter) bezeichneten, und stellte dies ernsthaft in Frage. In der folgenden Nacht erschien ihm jedoch der Apostel und belehrte den Griechen, er sei ein tapferer Streiter, bestieg ein weißes Pferd, zeigte Schlüssel in seiner Hand und versprach, die Stadt Coimbra am nächsten Tag um die dritte Stunde dem König Ferdinand zu übergeben. Nachdem der Pilger dies tags darauf erzählt hatte, bestätigten Boten, daß die Vorhersage des Apostels eingetroffen sei. Der König begab sich daraufhin erneut nach Compostela, um dem Apostel seinen Dank abzustatten.

Die zweite Erzählung über diese Schlachtenhilfe, die in die
Mirakelsammlung des *Liber Sancti Jacobi* aufgenommen wurde, ist aufschlußreich, denn hier wurde aus dem Pilger sogar ein
Bischof, und der Schlachtensieg wurde vom 9. Juli auf den Jakobstag, den 25. Juli, verschoben. Die Hilfe des Apostels sollte
noch weiter hervorgehoben und zudem der vom römischen
Festkalender bestimmte Jakobstag am 25. Juli, der immer noch
mit dem Festtag des 30. Dezember der altspanischen Liturgie
konkurrierte, bekräftigt werden. Im *Chronicon Silense* handelte der König demgegenüber wesentlich eigenständiger, der
Heilige unterstützte lediglich die «politischen» Intentionen als
Fürsprecher, während er in der Mirakelerzählung des *Liber
Sancti Jacobi* als ritterlicher Helfer im Vordergrund steht. Beiden Texten ist gemeinsam, daß der Apostel als Schlachtenhelfer
auf einem Pferd erscheint. Dies wurde zum Ausgangspunkt für
spätere ikonographische Darstellungen des Heiligen als Ritter
und Schlachtenhelfer.

Unsicher bleibt, inwieweit diese Vorstellung auf dem Vorbild
anderer christlicher Schlachtenhelfer wie Georg, Demetrios
oder Theodor basierte. Auch Berührungspunkte mit dem Bild
des reitenden Mohammed sind möglich, aber nicht eindeutig
nachzuweisen. Sicherlich entwickelten aber die skizzierten Erzählungen die traditionellen Aufgaben eines Heiligen weiter.
Am Grab in Compostela ging man offensichtlich zunehmend
davon aus, daß Jakobus – so wie man es von anderen Heiligen
wußte – auch in Schlachten Hilfe leistete, zumal wenn man in
den Vordergrund rückte, daß er für die Verteidigung des von
ihm missionierten Landes mit verantwortlich war. Die Verknüp-
fung von Schlachtenhilfe, Grabesort und Pilgerverehrung ver-
bindet sich deshalb mit den Aufgaben des Missionars. Zahlreiche Geschichtswerke griffen seit dem 13. Jahrhundert auf diese
Erzählung zurück.

Die Schlacht von Clavijo –
Abgaben für Compostela

In diesen weit verbreiteten Werken, zu denen vor allem die *Primera Cronica General* gehörte, wurde eine weitere Geschichte tradiert, die für die Rolle des heiligen Jakobus als Schlachtenhelfer langfristig entscheidender wurde. Ausgangspunkt ist das sogenannte Privileg der *votos de Santiago*. Der Kleriker Pedro Marcio aus Santiago de Compostela brachte diese Urkunde zwischen 1155 und 1172 in die schriftliche Form, die bis weit in die Neuzeit hinein große Bedeutung behielt, denn es ging um Abgaben an die Kirche von Santiago. Diese *votos* wurden auf die angebliche Schlacht von Clavijo (844?) zurückgeführt. Wie es in der Urkunde heißt, mußten zu Zeiten des Königs Ramiro I. (842–850) die christlichen Könige den Arabern jährlich einhundert Jungfrauen, fünfzig aus dem Adel, fünfzig aus dem Volk, als eine Art Tribut abgeben. Um dies zu beenden, habe Ramiro nach einer Versammlung und einem Heeresaufgebot die militärische Auseinandersetzung gesucht, bei der er zunächst unterlag, und sei an einen nahen Ort, Clavijo, geflohen. Dort sei ihm der heilige Jakobus, der Beschützer der Spanier, im Traum erschienen, habe darauf aufmerksam gemacht, daß die ganze *Hispania* von Christus seinem Schutz empfohlen worden sei, und Ramiro angekündigt, er werde bei der kommenden Schlacht auf einem Schimmel mit einer weißen Fahne im Kampf erscheinen. Die Krieger sollten seinen und Gottes Namen anrufen. Am nächsten Morgen seien dann die Krieger mit dem Ruf «Hilf uns Gott und Du heiliger Jakobus» in den Kampf gezogen und mit Hilfe des Apostels siegreich geblieben. Da Ramiro und weitere Zeugen von diesem «Wunder» so beeindruckt waren, sollen sie die jährliche Zahlung von einem Maß Getreide und Wein pro Ochsengespann an die Basilika des Apostels festgelegt haben, die jeder Christ in ganz Spanien entrichten müsse. Außerdem sollte dem Patron des Königs und Spaniens nach jedem Sieg gegen die Muslime ein Beuteanteil gewidmet werden.

Die Urkunde des Pedro Marcio ist seit langem als Fälschung erkannt. Sie gehört in die Vorstellungswelt der Kirche von Com-

postela im 12. Jahrhundert, denn eine frühere Urkunde von
etwa 934 hatte eine vergleichbare Abgabe noch nicht auf ganz
Spanien ausgedehnt, sondern blieb auf das galicisch-leonesische
Gebiet bis zum Fluß Pisuerga beschränkt. Mit der Schlachtenhilfe des Apostels war es nun möglich, die Schutzfunktion für
die gesamte *Hispania* und damit auch die umfassenderen Abgaben zu begründen. Mit der Einführung der *votos*-Abgaben für
das Bistum Toledo durch Alfons VII. im Jahre 1150 wurde die
Abgabe erstmals für ein Gebiet außerhalb Leóns beansprucht.
Die Schlachtenhilfe des Jakobus für alle Spanier eignete sich
durch die neue gedankliche Verbindung vorzüglich, um eine ursprünglich auf den Nordwesten Spaniens beschränkte Feudal-
leistung auf ganz Spanien auszudehnen.

Die Urkunde bietet gegenüber der Erzählung zur Eroberung
von Coimbra weitere neue Aspekte. Der Patronat des Heiligen
über ganz Spanien wird hier auf die Zuteilung der Missionsgebiete zurückgeführt. Die Nachricht von der Missionierung,
nicht die Translationsgeschichte oder das Apostelgrab, begründete also die Schutzherrschaft des Apostels über ganz Spanien.
Der Patronat wurde außerdem vom Herrscher auf die Bewohner ausgeweitet. Jakobus wurde durch die Schlachtenhilfe Patron der Krieger, durch die Abgaben aber indirekt auch ein Patron für die gesamte abgabenpflichtige Bevölkerung: Wer die
votos leistete, der akzeptierte, ob er wollte oder nicht, auch deren Begründung! Anders als in der Geschichte von der Eroberung von Coimbra soll der Heilige jedoch sogar direkt während
der Schlacht erschienen sein. Der Text nennt die Fahne als Zeichen sowie die Anrufung des Heiligen in einem Schlachtruf. Bei-
des verweist auf Kriegsformen der Kreuzzugszeit.

Abgaben nach einem Sieg für die Basilika von Santiago hatte
schon die *Historia Turpini* im Zusammenhang mit Karls
Schlachten thematisiert, hier ging es um die Stiftung eines Beu-
teanteils (Kapitel 5). Ein weiteres (19.) Kapitel über ein Konzil,
das Karl der Große in Santiago einberufen haben soll, forderte
sogar Abgaben aus ganz Spanien für den Sitz von Compostela.
Dieser Text dürfte jedoch kurz vor der Fälschung des *votos*-Pri-
vilegs in die Handschrift des *Liber Sancti Jacobi* von Composte-

la als viertes Buch eingefügt worden sein, war dem Kanoniker Pedro Marcio also vielleicht bekannt.

Das gefälschte *votos*-Privileg aus der Mitte des 12. Jahrhunderts baute mithin auf älteren Vorstellungen auf, verband den Patronat enger mit Elementen des «Kreuzzugsgedankens» und dehnte ihn auf ganz Spanien aus. Chroniken des 13. Jahrhunderts haben diese Version übernommen. Die Clavijo-Episode wurde im historischen Wissen der Zeitgenossen und deren Nachfahren aber dadurch besonders stark verankert, daß die stetige Einforderung der *votos*-Abgaben auch fortwährend an die Schlachtenhilfe des Apostels erinnerte. Damit hatte die Besinnung auf Jakobus in der Kombination von Religion, Politik und Ökonomie einen festen Platz nicht nur in der spanischen Geschichtsschreibung, sondern auch im kulturellen Gedächtnis erreicht.

Santiago-Orden und Königtum

Der kriegerische Patronat des Apostels entsprach der Rolle des Heiligen als Patron für das Reich. Ferdinand II. von León nannte sich nicht nur Bannerträger des heiligen Jakobus, sondern stellte auch den Kampf gegen die Muslime unter den Schutz des Apostels, wie die Gründung des Jakobus-Ritterordens zeigt. Seit der Mitte des 12. Jahrhunderts beteiligten sich spanische Ritterorden maßgeblich an der Reconquista. Diese neuen Formen religiöser Vergemeinschaftung waren im Zusammenhang mit den Kreuzzügen entstanden und fanden sich zunächst in den Pyrenäenreichen als eine Art «Import» aus dem Heiligen Land. Die besondere Situation Spaniens führte jedoch seit etwa der Mitte des 12. Jahrhunderts zur Entwicklung eigener Ritterorden, welche vor allem die königlichen Reconquista-Initiativen unterstützten. Darin lag auch eine der Aufgaben des 1170 gegründeten Santiago-Ordens.

Während sich alle anderen bedeutenden spanischen Ritterorden wie die von Alcántara und Calatrava nach ihrem Stammsitz benannten, bezog sich der Name des Santiago-Ordens hingegen auf einen Heiligen, vielleicht auch auf dessen Grabesort. Anfänglich hatte der wohl von Ferdinand II. im August 1170 nach

der Eroberung von Cáceres gegründete Orden ebenfalls nach
dem ersten Ordenssitz *hermandad* (Bruderschaft) der Brüder
von Cáceres geheißen. Im Januar, spätestens im Februar 1171,
findet sich jedoch bereits der Name *Ordo beati Jacobi*. Dieser
Namenswechsel ging auf ein Bündnis der Ordensritter mit Erzbischof Peter II. von Santiago de Compostela zurück, die einen
Vertrag zu gegenseitiger Hilfe und brüderlicher Eintracht schlos-
sen. Der Erzbischof von Santiago nahm den Ordensmeister und
dessen Nachfolger in die Gemeinschaft der Kanoniker von Compostela auf. Die Ordensritter wurden «Vasallen und Ritter des
heiligen Jakobus», die «unter den Fahnen des Heiligen zu Ehren
von dessen Kirche und zur Verbreitung des (christlichen) Glaubens kämpfen sollten». Auch der Erzbischof von Santiago wurde
Bruder des neuen Ritterordens. Die Urkunde spricht von einer
«gegenseitigen Bruderschaft» und rückt damit die Gemeinschaft
in die Nähe weiterer semireligioser Zusammenschlüsse. Die
Übergabe der Jakobsfahne, die zum Kampfe anspornen sollte,
festigte den Bund symbolisch. Zum geistig-geistlichen und militärischen Beistand des Erzbischofs trat die ökonomische Unterstützung: Die Hälfte der *votos*-Erträge in Zamora und einigen
anderen Städten sollten zu Ehren des heiligen Jakobus und seiner
Fahne künftig dem Orden zufallen. Mit diesen Abmachungen,
die im wörtlichen Sinne «unter der Fahne des heiligen Jakobus»
geschlossen wurden, verband sich der neue Orden fest mit der
Kirche von Compostela. Lehnsrechtliche Bindungen spielten
ebenso eine Rolle wie die geistige und militärische, aber auch die
ökonomische Hilfe.

Offensichtlich stand bei der Fahnenverleihung sogar das Bild
Pate, das sich im Laufe des 12. Jahrhunderts von der Schlacht
von Clavijo 844 entwickelt hatte. Dort soll – laut dem gefälschten *votos*-Privileg – der Heilige beritten und mit Fahne in die
Schlacht eingegriffen haben. Die Belege zur Jakobsfahne ver-
dichten sich auffälligerweise in der Regierungszeit Ferdinands II., der in manchen Urkunden auch «Bannerträger» des
Apostels genannt wurde.

Die engen Beziehungen zu Compostela sowie die Orientierung am Apostel Jakobus förderten zugleich die Entwicklung

der zunächst auf Léon beschränkten Miliz zu einer Gemeinschaft mit größerem Auftrag. Die Aufgaben reichten bald, besonders nach dem Zusammenschluß mit der Bruderschaft von
Ávila, über das Reich León hinaus. Ihre Ambitionen konnten
sich sogar nach der Vertreibung der Muslime aus Spanien bis
nach Marokko oder sogar bis nach Jerusalem erstrecken.

Gerade Papst Alexander III. scheint an einer Gemeinschaft
wie dem Santiago-Orden besonders interessiert gewesen zu
sein. Dies wird deutlich, wenn man die Bestätigung für den
Santiago-Orden mit derjenigen für den Calatrava-Orden vergleicht. Gewiß nutzte das Papsttum – unter anderem durch Vermittlung des Kardinallegaten Hyacintus – den neuen Ritterorden auch für eigene, übergeordnete Ziele. Aber König Ferdinand II., der in den Urkunden für den Ritterorden in der Regel
vom Kampf in der *Hispania*, nicht vom leonesischen Reich
spricht, teilte diese Vorstellungen offensichtlich.

Die Besinnung auf den heiligen Jakobus blieb für den Ritterorden bestimmend. Jakobus verhalf zu weiteren Schenkungen
an den Orden und bewährte sich als Helfer in verschiedenen
Schlachten. Die spätere Ordensgeschichtsschreibung hat den
Ursprung des Ordens in einen Zusammenhang mit der angeblichen Schlacht von Clavijo gebracht. In einer Mirakelsammlung des Ordens aus dem ausgehenden 15. Jahrhundert nimmt
die Schlachtenhilfe des Apostels eine zentrale Stellung ein.
Die spanischen, von Jakobus unterstützten Kämpfe erscheinen
hier sogar als Teil einer übergeordneten Aktion, deren Schau-
plätze ebenso in Italien wie im Heiligen Land lagen. Wunder-
erzählungen über Pilger – sofern sie nicht politisch prominent
waren – fehlen in der Wundersammlung. Offensichtlich hat die
Ordenshistoriographie maßgeblich zur gedanklichen Trennung
zwischen Jakobus als Pilgerpatron und Jakobus als Landes- und
Schlachtenpatron beigetragen, wie sie im 15./16. Jahrhundert
besonders in der Ikonographie immer deutlicher wird.

Diese Trennung vollzog sich in einem längeren Zeitraum; sie
nahm in der Ikonographie erst dann deutliche Konturen an, als
die Reconquista im wesentlichen schon abgeschlossen war.
Dem Heiligen blieb die Funktion als Schlachtenhelfer ebenso

wie seine Schutzfunktion für das Land weiterhin erhalten. In Mittel- und Südamerika begleitete der Apostel zuweilen die Kämpfe gegen die Indios, so daß sich sogar eine Figur des Indio-töters (*mataindios*) Jakobus ausbildete; in Spanien selbst blieb Jakobus nicht nur der allgemeine Pilgerpatron, sondern der Schutzherr des gesamten, nun unter christlicher Herrschaft ste-henden Landes. Jedoch war diese Position in der Neuzeit nicht unangefochten.

8. Vom Niedergang zum Neuanfang

Die Umgestaltungen der vereinten spanischen Reiche besonders nach dem Tod Ferdinands (1516), die zur Herrschaft der Habsburger führten, blieben auch für den Jakobuskult nicht ohne Konsequenzen. Dies galt in verschiedener Hinsicht, denn die traditionellen Beziehungen dieses Hauses reichten nach Mitteleuropa, waren aber zum französischen Nachbarn problematisch. In Spanien selbst kam es jedoch schon im 16. Jahrhundert zu neuen spirituellen und mystischen Entwicklungen, die auch die Bedeutung des Apostelkultes betrafen.

Theresia von Ávila gegen Jakobus

Die Position des heiligen Jakobus war zu Beginn der Neuzeit im habsburgischen Spanien nicht unumstritten. Gegen Ende des 16. und zu Anfang des 17. Jahrhunderts bestimmte die literarische, kirchliche, aber auch die politische Diskussion in Spanien unter anderem die Frage, ob nicht eher die heilige Theresia (Teresa) von Ávila (1515–1582), und nicht Jakobus der Ältere, die Patronin des Landes sein sollte. Schon vor ihrer Kanonisation hatten Karmeliter-Barfüßer im Jahre 1617 an die *Cortes* (Ständeversammlung) von Kastilien den Antrag gestellt, die Mystikerin Theresia möge zur Schutzpatronin Spaniens erklärt werden. Die *Cortes* und auch König Philipp III. stimmten diesem Antrag am 16. November 1617 und am 18. August 1618 zu. Beide wurden jedoch schon bald durch die Erzbischöfe von Granada und Sevilla angegriffen, die darauf bestanden, daß eine solche Frage nur der Papst entscheiden könne. Als Theresia 1622 offiziell zur Heiligen erklärt wurde, erneuerten die *Cortes* ihren Beschluß. Papst Urban VIII. bestimmte schließlich am 21. Juli 1627, Theresia solle Patronin Kastiliens werden, jedoch der Patronat des heiligen Jakobus in ganz Spanien unangetastet bleiben.

Dennoch war damit der Landespatronat des heiligen Jakobus entscheidend eingeschränkt. Deshalb traten bald wichtige Personen für den alleinigen Patronat des Jakobus ein, wie der Ritter des Jakobusordens Francisco Quevedo y Villegas (gest. 1645), der bei seinem Plädoyer an die Schlachtenhilfe erinnerte, die der Heilige dem König Ramiro I. in höchster Not 844 bei Clavijo gegen die feindlichen Muslime gewährt haben soll. Alles in allem blieben die Streiter für den Patronat des heiligen Jakobus in dieser Auseinandersetzung siegreich: Der Papst bestimmte im November 1629, der Patronat der heiligen Theresia solle nur für diejenigen Orte und Diözesen gelten, wo Bischof, Klerus und Volk gemeinsam darum bäten. Damit sank aber der Mitpatronat der heiligen Theresia fast bis zur Bedeutungslosigkeit herab.

Die Debatte war jedoch auch deshalb aufschlußreich, weil sich seit dem Ende des 16. Jahrhunderts kritische Stimmen mehrten, die an einer Missionierung der Iberischen Halbinsel durch den Apostel Jakobus zweifelten. Der Geist von Reformation und Gegenreformation und die Auseinandersetzung mit der Kirchengeschichte in beiden Lagern hatte auch Spanien erfaßt. Zugleich wurde aber auch die politische Bedeutung der Jakobusverehrung greifbar, denn es ging nicht nur um den geistigen Vorrang eines Heiligen. Mit dem Patronat verknüpften sich für die Kirche von Santiago de Compostela im Nordwesten Spaniens nach wie vor handfeste ökonomische Vorteile, denn es bestand weiterhin in weiten Teilen Spaniens die Pflicht, Abgaben für den heiligen Jakobus, die *votos de Santiago*, zu leisten, die man auf die Schlachtenhilfe des Apostels 844 zurückführte. Geistig-geistliche und ökonomische Bereiche waren also eng miteinander verbunden: Die Verfechter der Jakobus-Traditionen verteidigten zugleich die ökonomischen Interessen der Kirche von Santiago und gehörten in ideologischer Hinsicht in der Regel als Anhänger der Gegenreformation zum konservativen Lager. Die Kritiker hingegen wurden – ob sie wollten oder nicht – gleichzeitig zu Verteidigern der ländlichen Bevölkerung, die hauptsächlich die *votos* aufbringen mußte; sie fanden in der durch Theresia verkörperten spanischen Mystik ihren geistigen Bezugspunkt.

Obwohl die Santiago-Partei schließlich siegte, als Philipp IV. (1621–1665) den apostolischen Patronat anerkannte, war dieser Sieg nicht von bleibender Dauer: Schon 1700 griff Karl II. in seinem Testament die Frage erneut auf, und die Cortes von Cádiz beschlossen am 14. Oktober 1812 nicht nur die Abschaffung der an den Patronat geknüpften Vorrechte der Kirche von Santiago de Compostela, sondern erklärten auch die heilige Theresia zur Mitpatronin Spaniens.

Europäische Pilger in der frühen Neuzeit

Bei diesen Diskussionen in Spanien spielte der Blick auf die Pilgerbewegungen kaum eine Rolle. Unbestritten gingen aber die Pilgerfahrten im 16. Jahrhundert zurück, was nicht nur an den religiösen Überzeugungen, sondern auch an den politischen Rahmenbedingungen lag, die Reisen zu fernen Zielen erschwerten. Jakobsfahrten aus deutschen Landen wurden durch die Gleichsetzung von Deutschen mit Protestanten erschwert. Vier Deutsche, die 1559 Santiago besuchten, wurden gefangengenommen, weil sie Compostela verlassen hatten, ohne die Beichte abzulegen. Außer der Inquisition beeinträchtigten jedoch der Bürgerkrieg in Frankreich, Paßzwang und Feindlichkeiten deutsche und andere Pilger, die ihren Weg stets durch Frankreich nehmen mußten. Pauperisierung und zunehmendes Bandenwesen ließen Pilgerfahrten unsicherer werden, was im 16. Jahrhundert zu einem deutlichen Rückgang der Pilgerfahrten nach Compostela führte. Es entsprach deshalb sicherlich den Tendenzen dieser Zeit, daß Papst Paul V. 1614 im *Rituale Romanum* die Segnung von Pilgertasche und -stab durch einen einfachen Pilgersegen ersetzte, der schließlich zu einem normalen Reisesegen wurde.

Die Herrschaft der Habsburger, die mit Karl V. (I.) in Spanien begann, erschwerte zwar für einfache Pilger die Durchreise durch Frankreich, jedoch kennen wir einige prominente und adlige Personen, die diese Schwierigkeiten von den Niederlanden aus im wahrsten Sinne des Wortes umschifften. So gehörte schon der Jakobspilger Georg III. von Waldburg, der aus dem

Bauernkrieg eher als «Bauernjörg» bekannt ist, zu den Pilgern, die 1515 von den Niederlanden aus nach Spanien aufbrachen. Bekannt wurde auch die Fahrt des Nürnberger Patriziers Stephan III. Praun (1571), von dem ein prächtiges Pilgergewand samt Ausstattung erhalten ist.

Trotz der Schwierigkeiten bestand die Pilgerfahrt vor allem aus katholischen Gebieten Europas und Deutschlands, wenn auch in reduzierter Form, fort. Besonders aus Italien sind zahlreiche sehr anschauliche Berichte aus dem 16. bis 18. Jahrhundert über Pilgerreisen nach Compostela überliefert, und Polen hat mit dem Bericht des Jakub Sobieski, der 1611 Compostela besuchte, sogar einen königlichen Pilger aufzuweisen. Unberührt von gelehrten Disputen über historische Hintergründe der Jakobusverehrung und vom Gedankengut der Aufklärung zogen weiterhin Pilger nach Santiago, die vielfach nicht in den offiziellen Quellen auftauchen, aber in den Verzeichnissen der Pilgerherbergen wie in Köln, Frankfurt und Augsburg nachgewiesen werden können. In einer Zeit der zunehmenden Verelendung und Verarmung waren zuweilen ganze Familien unterwegs, die durch die Mildtätigkeit am Wege ihren Unterhalt, ja ihre Existenz sicherten. Zu den Aufgaben von Spitälern gehörte neben der Krankenpflege auch die Beherbergung von Pilgern. Aber die große Zeit der europäischen Pilgerfahrten war vorbei.

Nach dem Ende des Dreißigjährigen Krieges 1648 gab es offenbar kurzfristig wieder mehr Pilger. Ein in Zell am Harmersbach ausgestellter Pilgerpaß von 1656 läßt erkennen, daß die weite Pilgerfahrt nach Santiago noch nicht grundsätzlich der Vergangenheit angehörte. Auch noch zu Beginn des 18. Jahrhunderts kamen Pilger aus Deutschland; belegt ist zum Beispiel eine Würzburger Pilgergruppe 1715, von denen einer in Compostela erkrankte. Dort wurden seine Habseligkeiten genau aufgeführt, nichts Überflüssiges fand sich: Wams, Hosen, Hut, Strümpfe und alte Stiefel. In einem Blechbehälter trug er Bargeld, aber auch ein paar alte Schuhe, ein zerrissenes Hemd, drei Reservesohlen aus Leder (!) und eine Schachtel mit 17 Rosenkränzen bei sich, die offensichtlich für Freunde in Compostela geweiht werden sollten. Ausführlicher werden wir jedoch nur

Abb. 9   Der Nürnberger Stephan III. Praun ließ sich im 16. Jahrhundert mit Stab, Rosenkranz, Hut und Umhang als Pilger darstellen, ohne dabei seinen Stand als Patrizier oder Adeliger zu verleugnen. Das Pilgergewand des Stephan Praun – das einzige vollständig erhaltene aus Mittelalter und Frühneuzeit – ist im Römisch-Germanischen Nationalmuseum in Nürnberg zu besichtigen. Kopie nach Pergamentmalerei, 1571, Stadtarchiv Nürnberg.

über Personen informiert, die ihre Erfahrungen literarisch verarbeiten. Neben dem eher in katholischen Traditionen stehenden Christoph Gunzinger, der 1654/55 Compostela besuchte, belegt Johann Limberg, der 1690 einen Bericht seiner Reisen veröffentlichte, wie kritisch die Traditionen des Kultes diskutiert werden konnten. Er kommentierte so manches recht bissig, insbesondere das Hühnerwunder, von dem er in Santo Domin-

go de la Calzada und später in Compostela erfuhr. Deshalb verwundert es den heutigen Leser kaum, daß sich hier ein 1689
zum Protestantismus konvertierter Zeitgenosse auch seinen Un-
mut von der Seele schrieb.

In das gleiche Jahr gehört die Spanienreise der Maria Anna
von Pfalz-Neuburg, die mit einem Besuch des Pilgerzentrums
Compostela verbunden war. Sie war die designierte (zweite) Gemahlin Karls II. von Spanien. Ihre Prokurationstrauung hatte
1689 in Neuburg an der Donau stattgefunden; sie war dann wegen des Krieges mit Frankreich wohl über ein halbes Jahr nach
Spanien unterwegs. Mit großem Geleit fuhr sie von Holland aus
mit dem Schiff nach Galicien, kam am 16. April bei El Ferrol an
und gelangte auf dem Landwege über Betanzos nach La Coruña. Dann ging es am 19. April 1690 weiter nach Santiago. Die
Passage aus dem von Prinz Adalbert von Bayern zusammenge-
stellten Text ist aufschlußreich, denn es heißt zunächst, daß die
Prinzessin «dem spanischen Nationalheiligen für die Errettung
aus Sturm und Meer danken» wollte. Nach den liturgischen
Feierlichkeiten wurden der Prinzessin sogar Szenen aus dem Leben des heiligen Jakobus vorgespielt. Insgesamt scheint diese
Reise kaum in die üblichen Vorstellungen einer Pilgerfahrt zu
passen, aber trotzdem war der Ruf Compostelas in gewissen
Zusammenhängen ungebrochen geblieben, so daß Adelige wie
Maria Anna gern den Ort Santiago aufsuchten.

In Mitteleuropa verschärfte sich die Krise der Jakobusverehrung zum Ende des 18. Jahrhunderts hin weiter. Zwar lassen
sich noch indirekte Spuren des Kultes entdeckten, zum Beispiel
in den zahlreichen künstlerischen Darstellungen. Besonders her-
vorzuheben ist die Rezeption des Maurentöters im Zusammenhang mit der Türkengefahr, die im süddeutschen Raum, besonders im Osten, in Form von Skulpturen oder Tafelmalereien
belegt ist. Hier ist das 17. Jahrhundert – 1683 standen die Tür-
ken vor Wien – besonders aufschlußreich. Dennoch verschärften sich Kritik und Skepsis im Hinblick auf die Pilgerfahrten
auch in katholischen Kreisen seit dem 18. Jahrhundert. Ein
Schlaglicht auf den Zeitgeist der Aufklärung wirft das Lustspiel
Die Wallfahrt nach Compostell des Schriftstellers Georg Jacobi

(1740–1814) aus dem Jahr 1792, das in Freiburg im Breisgau mit Erfolg aufgeführt wurde. In diesem Stück wurde der Beweggrund der Wirtstochter Klärchen, «wegen eines Kusses gleich nach Compostel zu gehen», verspottet, wie auch die Pilgerfahrt überhaupt lächerlich gemacht wurde. Am Schluß gibt Vater Jacob, der Wirt einer Dorfschänke, der Heimgekehrten den Rat: «Wallfahrten, Kapellen besuchen und dergleichen kann vielleicht in den seltnen Fällen seinen Nutzen haben; aber sein Haus versorgen, Kinder erziehen, rathen und helfen, wo es Noth thut, das ist ein besserer Gottesdienst, als nach Compostel reisen.»

Die Erstaufführung fiel in das Zeitalter der Französischen Revolution, und die Pilgerfahrten nach Compostela gingen seit der Revolution und der anschließenden Säkularisation nochmals deutlich zurück, obwohl sie nicht ganz aufhörten. Entscheidend war unter anderem die Zerschlagung der kirchlich-religiösen Infrastrukturen zu Beginn des 19. Jahrhunderts, die Auflösung kirchlich betreuter Herbergen und die Aufhebung von Stiftungen und Bruderschaften. Auch weltliche, teils merkantilistische Verordnungen und Verbote von Pilger- und Wallfahrten trugen zu dieser Entwicklung bei. Gleichzeitig verstärkten sich in Spanien die Liberalisierungstendenzen. 1822 mußte das Jakobsfest erstmals stattfinden, ohne daß die von staatlicher Seite übliche *ofrenda* dargebracht wurde. Die Kontinuität als Devotionsort wurde im 19. Jahrhundert im wesentlichen nur noch durch kleinere Zahlen von französischen und spanischen Pilgern sichergestellt.

Insgesamt hatten aber die neuen katholischen Positionen schon seit dem 16. Jahrhundert eher den Typus der sogenannten Wallfahrten, die oft in Prozessionen zu nahegelegenen Zentren führten, gefördert. Nach den Beschlüssen des Konzils von Trient war allgemein ein Rückzug der Frömmigkeit in die Region deutlich, der als «Weg ins Territoriale» bezeichnet worden ist. Lokale Zentren lösten damit auch die eher individuell oder in kleinen Gruppen unternommenen Pilgerfahrten zu fernen Zielen allmählich ab. Zudem wird der Besuch des Jakobsgrabes in Compostela bis zum 18. Jahrhundert durch andere Zentren «ersetzt» oder «regionalisiert». Dies erklärt auch einen scheinbaren Widerspruch zwischen den zunehmenden sekundären Spuren in Kunst, Literatur und Brauchtum und zurückgehenden Pilgerfahrten. Die Entstehung sekundärer Wallfahrtsstätten wie der Jakobuskapelle in Wolfach (Schwarzwald) läßt erkennen, wie neue «Nahwallfahrtszentren», an denen zuweilen sogar dieselben geistlichen Gnaden wie in Compostela erworben werden konnten, vor allem im 18. Jahrhundert zu großer Beliebtheit aufstiegen. Die Statuten der Jakobusbruderschaften, die in der frühen Neuzeit vielfach nachzuweisen sind, zeigen, wie sehr Jakobus als Patron für verschiedene Berufszweige, beispielsweise die Hutmacher, aber auch für einen guten Tod oder auch als allgemeiner Schutzpatron gesucht wurde. Damit gewann eine Facette des Jakobuskultes an Gewicht, die schon im hohen Mittelalter erkennbar wurde, denn wenn das Leben einer Pilgerreise gleicht, dann war der Pilgerpatron Jakobus der ideale Wegbegleiter ins Jenseits.

Die zweite Entdeckung des Grabes

Erst zu Ende des 20. Jahrhunderts setzte ein neuer Aufschwung des Jakobuskultes ein, obwohl schon etwas früher erste Ansätze deutlich sind. 1589 waren die Gebeine des Apostels aus Angst vor Sir Francis Drake versteckt worden, und die Stelle, wo die Überreste des Apostels liegen sollen, war in Vergessenheit geraten. 1879 versuchte man auf Initiative des Kardinals Payá y Rico (gest. 1886), durch eine neue Ausgrabung die Ruhestätte der Jakobusgebeine zu ermitteln. Papst Leo XIII. bestätigte die Ergebnisse mit der Bulle *Deus omnipotens* vom 1. November 1884. Zuweilen wird dies als die zweite Auffindung der Jakobusreliquien bezeichnet. Nur zwei Monate später – und somit war der Termin der päpstlichen Bestätigung vielleicht absichtlich gewählt – begann das Heilige Jahr 1885, zu dessen Feier erneut Pilger aus ganz Europa nach Compostela gekommen sein sollen.

Vielleicht gab die innerkirchlich-päpstliche Dokumentation über das Apostelgrab auch den Anstoß, Fahrten nach Santiago nun auch in das Angebot der aufkommenden Pilgerbüros zu integrieren. Die «Bayerischen Karawanen», später das «Bayerische Pilgerbüro», veranstalteten 1875 bis 1902 Pilgerreisen ins Heilige Land zu Schiff und zu Pferd, nahmen aber seit den 1880er Jahren auch Spanienreisen mit dem Besuch Compostelas in ihr Programm auf. So besuchten acht Münchener Pilgerzüge in den Jahren 1887 bis 1905 intensiv die Iberische Halbinsel und erwiesen auch dem Apostel Jakobus ihre Reverenz.

Die politische Situation in der ersten Hälfte des 20. Jahrhunderts ließ aber diese frühen Ansätze einer «Santiago-Renaissance» nicht weiter gedeihen. Zwei Weltkriege, wirtschaftliche Schwierigkeiten und Krisen, politische Gegnerschaft zwischen den sogenannten «zwei Spanien», deren Auseinandersetzungen im Spanischen Bürgerkrieg (1936–1939) kulminierten, waren für größere europäische Perspektiven nicht förderlich. Statt dessen kam es aber in Spanien selbst zu einer wichtigen Weichenstellung: Im Laufe der Auseinandersetzungen im Spanischen Bürgerkrieg wurde Jakobus vor allem von dem Galicier Francisco Franco Bahamonde wieder als Nationalpatron in seine Rechte eingesetzt, ja, er wurde für das neue franquistische Spanien geradezu instrumentalisiert. Franco, der ja eine Rückbesinnung auf die Wurzeln Spaniens propagierte, entdeckte dabei auch die Bedeutung des immer mehr in den Hintergrund gedrängten Landespatrons Jakobus, der zur Bekräftigung seiner Sicht eines neuen Spanien beitragen konnte. Als er am 21. Juli 1937 eine Santiago-Renaissance mit Dekret 325 einleitete, die vor allem den Landespatronat, den nationalen Festtag am 25. Juli und die Abgaben an die Kathedrale von Compostela betraf, konnte er schon vier Tage später, am Festtag des Apostels, dessen Dank ernten: Offensichtlich hatte Jakobus und kein anderer den franquistischen Truppen in Brunete zum Sieg verholfen. In der Folge wurde der Jakobstag wieder zum nationalen Feiertag, und der Staatschef sprach nun wieder die am 25. Juli üblichen Weihegebete und Bitten der Nation (*ofrendas de la nación*) an den Apostel. Das Dekret Francos, das sogar die Missionierung Spaniens durch Jakobus hervorhebt, also ganz bewußt an mittelalterliche Traditionen anknüpft, blieb bis heute in Kraft, wenn auch inzwischen der nationale Tenor deutlich in

den Hintergrund getreten ist. Heute steht die auf die mittelalterlichen Pilgerfahrten zurückgeführte europäische Idee der Völ-
kerbegegnung im Vordergrund.

Diese Renaissance betraf zunächst nur Spanien. Erst nach
dem Zweiten Weltkrieg, besonders seit den 1960er Jahren, zei-
tigte die zunächst vorsichtige Orientierung des franquistischen
Spanien nach Europa erste Konsequenzen. Verschiedene, auch
staatlich geförderte Publikationen präsentierten nun zunehmend die europäischen Dimensionen des Jakobuskultes, die
spanische Wissenschaftler schon 1948/49 mit einem großen
dreibändigen Standardwerk in verschiedenen Facetten erarbei-
tet hatten. Zunächst blieben Pilger aus anderen Teilen Europas
noch selten. Im Heiligen Jahr 1971 berichtete die Presse zwar
von zahlreichen Pilgern, bezog dies aber vor allem auf die Iberische Halbinsel. Der vom Tourismus-Ministerium 1971 heraus-
gegebene Band *Santiago en España, Europa y America* wollte
aber Wissenschaft und Pilgerbewegung stärker zusammenbrin-
gen, indem dort bemerkt wurde, daß die Pilger von heute Touri-
sten seien. Ein neu erwachtes wissenschaftliches Interesse konnte – nach wichtigen Vorarbeiten in Frankreich seit den ausgehenden 70er Jahren – auch in Deutschland und Italien für die
Thematik weiter sensibilisieren.

Europa statt Spanien?

Der politische Hintergrund wandelte sich nochmals nach dem
Tod Francos, vor allem nachdem Spanien 1986 Mitglied der
Europäischen Gemeinschaft geworden war. Nun sahen spani-
sche Politiker im Jakobsweg eine Straße, die schon im Mittel-
alter die verschiedensten Völker Europas vereinigt und mitein-
ander in Kontakt gebracht habe. Nach den Bemerkungen des
Pilgerführers im 12. Jahrhundert und den Thesen von Philolo-
gen und Kunsthistorikern zu Beginn des 20. Jahrhunderts er-
folgte nun eine erneute Nutzung und Instrumentalisierung des
Konzeptes «Jakobsweg». Hier lag nach Ansicht vieler Europa-
Politiker der historisch-kulturelle Beitrag Spaniens zu Europa.
Ein Expertenkomitee des Europarates organisierte bereits 1985

eine Ausstellung in Gent und nutzte die inzwischen erarbeiteten wissenschaftlichen Ergebnisse der Jakobusforschung. Dieser Grundüberzeugung folgen noch heute viele Mitglieder des Europäischen Parlaments, und in Straßburg gibt es bis heute eine einschlägige internationale Gruppe von Abgeordneten. Die Rückbesinnung ging mit Fördermaßnahmen einher, um den Weg wieder zu beleben. Mancher Ort am Weg wurde durch die europäischen Zuschüsse modernisiert, so daß nun zuweilen wieder diskutiert werden muß, wo denn der Jakobsweg eigentlich verlaufe.

Fast gleichzeitig begann auch von kirchlichen Seiten und aus Zusammenschlüssen von Pilgern, Wissenschaftlern und anderen Personen die gemeinsame Arbeit für den Weg, zumal seit den 1980er Jahren zunehmend Pilger aus ganz Europa wieder – wie die früheren Pilger – zu Fuß nach Compostela aufbrachen. In Deutschland wurde 1987 die Deutsche St. Jakobusgesellschaft gegründet; weitere Organisationen, Bruderschaften und Freundeskreise folgten. In anderen Ländern gibt es vergleichbare Zusammenschlüsse, die sich um die Anliegen der Pilger und die kulturelle Zusammenarbeit kümmern. Zuweilen ging dies mit der weiteren wissenschaftlichen Erforschung einher.

Wege und Wegführungen gewannen vor allem in Spanien, später auch in Frankreich und weiteren Ländern an Aufmerksamkeit. Weiteres internationales Interesse blieb nicht aus, denn 1993 erklärte die UNESCO den Weg sogar zum Weltkulturerbe. Nicht nur ein Ort, sondern ein ganzer Weg wurde so in den Reigen der hohen kulturellen Auszeichnungen aufgenommen. Als 2004 sogar der Preis des *principe de Asturias* in Spanien den Weg auszeichnete, waren jedoch Konflikte vorprogrammiert, denn welche Institution, welche Personen repräsentieren den Weg? Es waren daher nicht nur der Erzbischof von Santiago, sondern auch Santiago-Gesellschaften sowie eine Landesregierung zugegen, als der Preis verliehen wurde.

Die nun wieder aufwendiger gefeierten Heiligen Jahre 1993 und 1999 brachten für die Pilgerbewegung und die Politik einen weiteren großen Durchbruch. Sie wurden nicht nur von kirchlicher Seite propagiert, sondern erstmals wurde das Jahr 1993

von der galicischen Landesregierung (Xunta de Galicia) als sogenanntes *Xacobeo* bezeichnet und mit entsprechender Wer-
bung weltweit bekannt gemacht. Ein eigenes internationales
Expertenkomitee existiert seither (bis 2005), um Ausstellungen
und internationale Kongresse zu organisieren oder um über
Wünsche und Bedürfnisse am Weg zu beraten. Besuche des Papstes, internationale Treffen, Konzerte und zahlreiche weitere
Aktivitäten unterstützten diesen Prozeß, der den in einer struk-
turschwachen Region Europas liegenden Pilgerort Santiago nun
wieder allgemein bekannt machte. Ein Ende dieser Förderung
samt den positiven und negativen Begleiterscheinungen ist noch
nicht abzusehen.

Es bleibt bis heute eine offene Frage, warum sich wieder so
viele auf den Weg nach Compostela machen. Wissenschaftliche
Erforschung und politische Förderung unterstützten zwar einen neuen Aufschwung, das Pilgern kann aber nur teilweise
durch Wissenschaft gefördert werden, und die Politik kann nur
die Rahmenbedingungen durch Einrichtung von Herbergen
und andere Maßnahmen verbessern sowie für die Pilgerfahrt
und den Besuch Compostelas werben. Statistiken belegen, daß
die Pilgerfahrten nach Santiago in jüngster Zeit sprunghaft
zugenommen haben. Für Pilger, die mindestens hundert Kilometer zu Fuß, 150 Kilometer per Fahrrad oder zu Pferde zurückgelegt und durch Stempel belegt haben, stellt das Domkapitel
eine Urkunde (*Compostela*) aus. Im Heiligen Jahr 2004 durften immerhin 179 944 Pilger eine solche Bestätigung in Empfang
nehmen.

Die statistischen Erhebungen in diesem Pilgerbüro zeigen,
daß die meisten der Pilger, die zu Fuß unterwegs sind, unter
30 Jahre alt sind. Sie werden in der Regel auch nach ihren Moti-
ven befragt. Viele, aber bei weitem nicht alle, verweisen auf ihre
religiöse Motivation, müssen aber nicht ausführen, was sie genau damit meinen. Dies dürfte aber individuell sehr stark variie-
ren, so daß zuweilen der Eindruck entsteht, daß der Jakobsweg
inzwischen mit einer Vielzahl von spirituellen Vorstellungen neu
aufgeladen wird. Beobachtet man die Pilger auf den Wegen und
in den Herbergen, so scheint für viele neben wichtigen Gesprä-

chen auch das allgemeine Gruppenerlebnis und die Möglichkeit, Gleichgesinnte zu treffen, wichtig zu sein. Diese mensch-
lichen Erfahrungen mit diesem Weg, der Kultur, Spiritualität,
Gespräch und Schweigen, Hören und Schauen, Mühsal und
Freude, Distanz und Nähe sowie viele weitere Aspekte im Über-
maß bietet, trugen und tragen gewiß zur zunehmenden Beliebtheit bei. Dabei bleibt die Gefahr, daß diese Vielfalt der Dimensionen auch schnell in Beliebigkeit abgleiten kann.

Trotzdem ist der heutige Aufbruch der Massen nach Compostela nicht bis ins Letzte erklärbar. Vielleicht regen gerade inzwischen bis ins Detail durchgeplante Lebensläufe und der
weitgehend vorgeformte und gleichförmige Alltag verstärkt
dazu an, diesen weiten Weg – von Deutschland sind es oft mehr
als 2500 Kilometer – auf sich zu nehmen. Auf viele Hilfsmittel,
derer sich die meisten heute im Alltag bedienen, wird auf dem
Weg wenigstens für eine Zeit bewußt verzichtet. Wer seinen
Rucksack trägt, muß sich auf das Wesentliche beschränken,
muß mit einem Minimum an Gepäck auskommen. Viele Pilger
machen sich an einem Wendepunkt ihres Lebens auf den Weg:
nach dem Abitur, nach dem Studium und vor dem Berufsleben,
in der *Midlife Crisis* oder zu Beginn des Ruhestandes. Die Suche
nach Sinn, nach neuer Energie für den eigenen Lebensweg, die
Frage nach der Bedeutung von Religion in einer modernen Gesellschaft, die im Alltag all dies an den Rand drängt, gehören
bei vielen Pilgern zu den Leitmotiven. Die insgesamt vielfältigen
Zugangsweisen zum Jakobsweg sprechen offensichtlich ver-
schiedenste Erwartungen an. Wo kann die Suche nach Sinn und
nach Antworten auf Lebensfragen in einem Umfeld erfolgen,
das nicht nur den Kontakt mit anderen Suchenden ermöglicht,
sondern zugleich die kulturellen Traditionen auf Schritt und
Tritt vor Augen führt? Mehr als eines der *refugios* (Pilgerherbergen) ist in alten Gebäuden entstanden, ist Stein gewordene Geschichte, wie dies besonders auch in Compostela selbst festzustellen ist. Vielleicht denkt der ein oder andere in der Kathedrale
daran, daß das riesige Weihrauchfaß *botafumeiro*, das von
einem halben Dutzend Männern über ein Seilsystem gezogen
durch das gesamte Querhaus schwingt, schon spätestens seit

dem 14. Jahrhundert in der überfüllten Kirche für Wohlgeruch
sorgte.

Die Stimmen am Ziel des Weges klingen heute mindestens so
vielfältig wie diejenigen, die aus der Geschichte des Weges erzählen. Neben frommen und gläubigen finden wir auch skep-
tische, zweifelnde und ablehnende Stimmen. Aber die meisten
berichten von positiven Erfahrungen. Die Sprecher gehören
alle, soweit sie suchen, zu den heutigen Jakobspilgern. Fast alle
sind Suchende und Fremde – das lateinische Wort *peregrinus*
bedeutet ja zunächst einmal: der Fremde. Dies unterscheidet
den Jakobsweg von anderen Wanderwegen, weil hier meist eine
innere Haltung das Gehen mitgestaltet. Dabei spielt es für viele
nur eine geringe Rolle, daß mit diesem Kult schon im hohen
Mittelalter auch Politik gemacht wurde. Der die Mauren be-
kämpfende Jakobus an Kirchenfassaden und die politischen
Akte des heutigen spanischen Staates am Jakobsfest gehören
in eine Tradition, die ebenso wie die Pilgerbewegung mit dem
Kult eines Heiligen verbunden waren, der in äußerst vielfältiger
Form geschichtlich wirksam wurde.

Bilanz und Ausblick

Heiligenkulte zeigen ihre Wirkmacht nicht nur durch Kontinuität, sondern auch durch Anpassungen und Umformungen. Dies führt dazu, daß Geschichten um und über bestimmte Heilige immer wieder neu geschrieben wurden und werden. Die heutige Bedeutung des Jakobuskultes und der Wege zu seinem Grab knüpft an verschiedene wichtige mittelalterliche Traditionen an. Wurde der Apostel im 8. und 9. Jahrhundert zunächst «hispanisiert», als sich das christliche Königreich Asturien im Norden der Iberischen Halbinsel nach der weitgehenden Unterwerfung durch die Muslime eine Identifikationshilfe schuf, so setzte schon bald eine Ausstrahlung des Kultes auf ganz Europa ein. Die Pilgerströme aus den verschiedensten europäischen Ländern und das daraus gewonnene Renommee und ökonomische Gewicht nutzte vor allem der ehrgeizige Bischof Diego im 12. Jahrhundert für seine kirchenpolitischen Ambitionen. Gleichzeitig entstand dadurch eine neue Funktion der Wege, die in Frankreich und Nordspanien zwar schon als Wirschafts- und Heeresstraßen bestanden, nun aber zunehmend auch von Pilgern genutzt wurden. Das Konzept von Pilger- oder Jakobswegen überhöhte bereits der Autor eines einzigartigen Pilgerführers aus dem 12. Jahrhundert, spätere wissenschaftliche Thesen des beginnenden 20. Jahrhunderts legten nach. Der Jakobsweg wurde so zu einem Begriff, mit dem nicht nur gläubige Pilger assoziiert wurden, sondern zugleich wirtschaftlicher, kultureller und literarischer Reichtum und Austausch.

Jakobus, der Pilgerpatron, begleitete diesen Prozeß, indem nicht nur die Orte an diesen Wegen, sondern auch Aufbruchsorte und andere Plätze mit den Spuren des Kultes übersät wurden. Jedoch konnte die große europäische Pilgerbewegung die hispanische Facette des Kultes nie ganz verdrängen. Eine führende Position der Apostelkirche in Spanien wurde in geschickter Auseinandersetzung und Zusammenarbeit mit Rom entwickelt und gesichert. Die Imitation römischer Gebräuche in liturgisch-zeremonieller Hinsicht, die Privilegien Roms für die eigene Stellung, aber auch die Praxis der Heiligen Jahre zeigen, wie der Apostelsitz im äußersten Westen Europas den Rang eines der größeren Pilgerziele neben Rom und Jerusalem eroberte. Die Besinnung auf die Anfänge blieb dabei zwar bestimmend, wurde aber neu gefaßt. Als sich die Auseinandersetzungen mit den Muslimen im Zuge der Reconquista verschärften, konnte Jakobus als Schlachtenhelfer noch deutlicher Patron eines christlichen Spanien werden. Das kommt vor allem in einer gefälschten Urkunde des 12. Jahrhunderts zum Ausdruck, die diese Stellung des Apostels, aber zugleich auch Abgaben an die Apostelkirche über lange Zeit sicherte.

Es verwundert daher nicht, daß nach dem Abschluß der Reconquista mit der Eroberung von Granada 1492, nach der Reformation mit ihrer Kritik am Pilgerwesen und mit neuen politischen Konstellationen im frühneuzeitlichen Europa die Pilgerfahrten nach Compostela stark zurückgingen – bis zu einem fast vollständigen Verlöschen zu Beginn des 19. Jahrhunderts. Zugleich wurde die Position des Jakobus als Patron Spaniens von neuen Tendenzen der Frömmigkeit – etwa dem Kult der heiligen Theresia von Ávila – gefährdet. Aber die Renaissance des Kultes im 19. und 20. Jahrhundert zeigt eindringlich, daß es möglich war, sowohl an die spanische Bedeutung als auch an die Pilgertraditionen anzuschließen. Der nationale Aspekt tritt dabei inzwischen gegenüber den europäischen Bezügen kontinuierlich in den Hintergrund. So wurde 2004 sogar im Domkapitel von Compostela darüber diskutiert, ob es in Zeiten des Dialogs mit den Muslimen nicht «politisch korrekt» wäre, eine Statue des Maurentöters Jakobus aus der Kathedrale zu entfernen. Die Stimmen in der Presse waren kontrovers. Aber die Statue steht immer noch. Sie gehört zur Tradition dieses Heiligenkultes, obwohl sich heutige Pilger und Freunde des Apostels eher an den Pilgerpatron als an den Maurentöter wenden.

Dank

Das hier vorgelegte Büchlein schöpft aus einer jahrelangen Auseinandersetzung mit dem Thema, so daß hier allen Gesprächspartnern der vergangenen Jahre gedankt sei. Bei der Vorbereitung unterstützten mich Dr. Matthias Maser und Claudia Kramer, die auch zusammen mit Henrike Heick das Register erstellt hat. Besonders möchte ich aber die angenehme Zusammenarbeit mit Dr. Ulrich Nolte vom Verlag C. H. Beck dankend hervorheben.

Zeittafel

44 n. Chr.
: Der Apostel Jakobus der Ältere wird in Jerusalem enthauptet.

Anfang 9. Jh.
: Der Eremit Pelagius (Pelayo) hat eine Vision, die zur Entdeckkung des Jakobusgrabes in Santiago de Compostela führt.

899
: Einweihung einer Kirche in Santiago zur Zeit des asturischen Königs Alfons III.

um 930
: Notiz über einen Pilger, der angeblich in Compostela war, in den Markusmirakeln (Kloster Reichenau).

950/51
: Erwähnung des frühesten namentlich belegten Pilgers von nördlich der Pyrenäen, des Bischofs Godeschalk von Le Puy.

1049
: Papst Leo IX. tadelt auf dem Konzil von Reims, daß Compostela zu Unrecht die Bezeichnung «apostolischer Sitz» führe.

1075
: Baubeginn der bis heute erhaltenen romanischen Kathedrale.

1095
: Endgültige Übertragung des Bischofssitzes von Iria Flavia nach Compostela.

1104/05
: Bischof Diego I. Gelmírez wird durch Papst Paschalis II. mit dem Ehrenzeichen des Palliums ausgezeichnet.

1120/24
: Vorläufige bzw. endgültige Übertragung der Erzbischofsrechte von Mérida auf Compostela.

um 1140
: Abschluß der bis 1138/39 geführten Bistumsgeschichte (*Historia Compostellana*) über die Amtszeit von Bischof bzw. Erzbischof Diego I. Gelmírez.

um 1150
: Zusammenstellung des *Liber Sancti Jacobi*, der im vierten Teil (*Historia Turpini*) die angebliche Pilgerfahrt und die Maurenkämpfe Karls des Großen schildert und im fünften Buch einen Pilgerführer bietet.

1155–1172
: Abfassung bzw. Fälschung des Privilegs über die angebliche Hilfe des Apostels Jakobus in der Schlacht von Clavijo (844?); aus dem die Pflicht zu Abgaben (*votos*) an die Kathedrale von Compostela abgeleitet wird.

1170/71
: Gründung des Santiago-Ritterordens.

1188
: Vollendung des Westportals (*Pórtico de la Gloria*) der Kathedrale von Compostela durch Meister Mateo.

1495
: Der deutschsprachige Pilgerführer des Servitenmönches Hermann Künig von Vach erscheint und wird mehrfach nachgedruckt.

1589
: Die Jakobusreliquien werden vor Sir Francis Drake versteckt.

1879	Die Apostelreliquien werden wiederaufgefunden, was Papst Leo XIII. mit der Bulle *Deus omnipotens* bestätigt.
1937	Das Dekret 325 unter Francisco Franco Bahamonde ermöglicht eine erneute Förderung des Jakobskultes.
1993	Deklaration des Jakobswegs zum Weltkulturerbe durch die UNESCO.

Literaturhinweise

Die Hinweise beschränken sich auf die wichtigsten Werke. Soweit bei den Quellen vorhanden, wird auch auf Übersetzungen verwiesen. Die Buchreihe *Jakobus-Studien* (bisher 16 Bände), Tübingen 1988–2005, bietet mit Monographien, Quellenausgaben und Sammelbänden zu fast allen Aspekten grundlegende Informationen; die einzelnen Bände und Beiträge werden hier nicht gesondert aufgeführt.

Quellen

Liber Sancti Jacobi:
Liber Sancti Jacobi. Codex Calixtinus. Hg. von Klaus Herbers und Manuel Santos Noia. Santiago de Compostela 1998. Vollständiger lateinischer Text nach der Handschrift aus Compostela.

Deutsche Übertragungen von Teilen finden sich in:
Herbers, Klaus/Klein, Hans-Wilhelm (Hg.): Libellus Sancti Jacobi. Auszüge aus dem Jakobsbuch des 12. Jahrhunderts (Jakobus-Studien 8), Tübingen 1997. (Teile aus Buch I, Buch II = Mirakelsammlung; Buch III = *Translatio* und einige weitere Passagen.)
Klein, Hans-Wilhelm (Hg.): Die Chronik von Karl dem Großen und Roland. Der lateinische Pseudo-Turpin in den Handschriften aus Aachen und Andernach (Beiträge zur romanischen Philologie des Mittelalters 13), München 1986. (Buch IV = *Historia Turpini* nach den Aachener Handschriften.)
Herbers, Klaus: Der Jakobsweg. Mit einem mittelalterlichen Pilgerführer unterwegs nach Santiago de Compostela, Tübingen 1986, 7. Aufl. 2001. (Eine Predigt aus Buch I und Buch V = Pilgerführer.)

Weitere Quellenwerke:
Historia Compostellana. Hg. von Emma Falque Rey (Corpus Christianorum, Continuatio Mediaevalis 70), Brepols 1988.

Jacobus von Voragine: Legenda aurea. Hg. von Giovanni Paolo Maggioni, Florenz, 2. Aufl. 1998; dt. Übertr. von Richard Benz, Gütersloh, 13. Auflage 1999.

Felix Fabri: Die Sionpilger. Hg. von Wieland Carls, Berlin 1999. (Erstmalige Ausgabe einer geistig-geistlichen Pilgerfahrt.)

Hermann Künig, Die Strass zu Sankt Jakob. Der älteste deutsche Pilgerführer nach Santiago de Compostela. Hg. von Klaus Herbers und Robert Plötz, Ostfildern 2004. (Der Pilgerführer des Hermann Künig von 1495 mit Einleitung, Faksimile und neuhochdeutscher Übertragung.)

Herbers, Klaus/Plötz, Robert (Hg.): Nach Santiago zogen sie. Berichte von Pilgerfahrten ans «Ende der Welt», München 1996.

Literatur

Angenendt, Arnold: Heilige und Reliquien. Die Geschichte ihres Kultes vom frühen Christentum bis zur Gegenwart, München 1994.

Bottineau, Yves: Der Weg der Jakobspilger. Geschichte, Kunst und Kultur der Wallfahrt nach Santiago de Compostela. Mit einer Einleitung und einem Kapitel zur Jakobsverehrung in Deutschland von Klaus Herbers, Bergisch-Gladbach 1987, ND 1992.

Engels, Odilo: Die Anfänge des spanischen Jakobusgrabes in kirchenpolitischer Sicht. In: Römische Quartalschrift 75 (1980), S. 146–170.

Favreau-Lilie, Marie-Luise: Von Nord- und Ostsee ans «Ende der Welt». Jakobspilger aus dem Hanseraum. In: Hansische Geschichtsblätter 117 (1999), S. 93–130.

Graf, Bernhard: Oberdeutsche Jakobsliteratur. Eine Studie über den Jakobskult in Bayern, Österreich und Südtirol, München 1990.

Hell, Vera und Helmut: Die große Wallfahrt des Mittelalters, Tübingen 1964, 4. Aufl. 1985.

Herbers, Klaus: Politik und Heiligenverehrung auf der Iberischen Halbinsel. Die Entwicklung des «politischen Jakobus». In: Politik und Heiligenverehrung im Hochmittelalter. Hg. von Jürgen Petersohn, Sigmaringen 1994, S. 177–276.

–: Spanienreisen im Mittelalter – unbekannte und neue Welten. In: Das Mittelalter 3 (1998), Bd. 2: Fernreisen im Mittelalter. Hg. von Folker Reichert. Berlin 1998, S. 81–106.

–: Wol auf sant Jacobs straßen! Pilgerfahrten und Zeugnisse des Jakobuskultes in Süddeutschland, Ostfildern 2002.

Gastfreundschaft, Taverne und Gasthaus im Mittelalter. Hg. von Conrad Peyer unter Mitarbeit von Elisabeth Müller-Luckner, München/Wien 1983.

Köster, Kurt: Pilgerzeichen und Pilgermuscheln von mittelalterlichen Santiagostraßen, Neumünster 1983.

Krüger, Herbert: Das älteste deutsche Routenhandbuch. Jörg Gails «Raißbüchlin». Mit 6 Routenkarten und 272 Originalseiten im Faksimile, Graz 1974.

Meyer, Andreas: Von Santiago de Compostela nach Toulouse. Ein Apostel verlegt sein Grab. In: Francia 26/1 (1999), S. 209–238.

Mieck, Ilja: Kontinuität im Wandel. Politische und soziale Aspekte der Sant-iago-Wallfahrt vom 18. Jahrhundert bis zur Gegenwart. In: Geschichte und Gesellschaft 3 (1977), S. 299–328.

–: Zur Wallfahrt nach Santiago de Compostela zwischen 1400 und 1650. Resonanz, Strukturwandel und Krise. In: Spanische Forschungen der Görresgesellschaft, Reihe 1: Gesammelte Aufsätze zur Kulturgeschichte Spaniens 29, Münster 1978, S. 483–533.

Moser, Dietz-Rüdiger: Die Pilgerlieder der Wallfahrt nach Santiago. In: Mu-sikalische Volkskunst – aktuell. Festschrift Ernst Klusen. Hg. von Gün-ther Noll und Marianne Bröcker, Bonn 1984, S. 321–352.

Ohler, Norbert: Pilgerleben im Mittelalter: Zwischen Andacht und Aben-teuer, Freiburg 1994.

Paravicini, Werner: Von der Heidenfahrt zur Kavalierstour. Über Motive und Formen adligen Reisens im späten Mittelalter. In: Wissensliteratur im Mittelalter und in der Frühen Neuzeit. Bedingungen, Typen, Publikum, Sprache. Hg. von Horst Brunner, Wiesbaden 1993, S. 91–130.

Peyer, Hans Conrad: Von der Gastfreundschaft zum Gasthaus. Studien zur Gastlichkeit im Mittelalter, Hannover 1987.

Pilgerwege im Mittelalter, Darmstadt 2005.

Pilgerziele der Christenheit: Jerusalem, Rom, Santiago de Compostela. Hg. von Paolo G. Caucci von Saucken, Darmstadt 1999.

Plötz, Robert: «Res est nova et adhuc inaudita». Motivindex und litera-risch-orale Evolution der Mirakelerzählung vom Pilger, der vom Galgen gerettet wurde. In: Rheinisch-westfälische Zeitschrift für Volkskunde 44 (1999) S. 9–37.

–: «Benedictio perarum et baculorum» und «coronatio peregrinorum». Bei-träge zu der Ikonographie des hl. Jacobus im deutschsprachigen Raum. In: Volkskultur und Heimat. Festschrift Josef Dünninger. Hg. von Dieter Harmening und Erich Wimmer, Würzburg 1986, S. 339–376.

–: «der hunlr hinder dem altar saltu nicht vergessen». Zur Motivgeschichte eines Flügelaltars der Kempener Propsteikirche. In: Epitaph für Gregor Hövelmann. Beiträge zur Geschichte des Niederrheins. Hg. von Stefan Frankewitz, Geldern 1987, S. 119–170.

–: Der Apostel Jacobus in Spanien bis zum 9. Jahrhundert. In: Spanische Forschungen der Görresgesellschaft, Reihe 1: Gesammelte Aufsätze zur Kulturgeschichte Spaniens 30, Münster 1982, S. 19–145.

Röhrich, Lutz/Brednich, Rolf Wilhelm: Deutsche Volkslieder. Bd. 1: Erzäh-lende Lieder: Balladen, Schwänke, Legenden, Düsseldorf 1965.

Santiago de Compostela. Pilgerwege. Hg. von Paolo G. Caucci von Sau-cken, Augsburg 1993.

Schimmelpfennig, Bernhard: Die Anfänge des Heiligen Jahres von Santiago de Compostela im Mittelalter. In: Journal of Medieval History 4 (1978), S. 285–303.

Schmugge, Ludwig: Der falsche Pilger. In: Fälschungen im Mittelalter, Bd. 5: Fingierte Briefe, Frömmigkeit und Fälschung, Realienfälschungen, Hannover 1988, S. 475–484.

–: Die Anfänge des organisierten Pilgerverkehrs im Mittelalter. In: Quellen und Forschungen aus italienischen Archiven und Bibliotheken 64 (1984), S. 1–83.

–: Kollektive und individuelle Motivstrukturen im mittelalterlichen Pilgerwesen. In: Migration in der Feudalgesellschaft. Hg. von Gerhard Jaritz und Albert Müller, Frankfurt a. M. 1988, S. 263–290.

–: Über «nationale» Vorurteile im Mittelalter. In: Deutsches Archiv für Erforschung des Mittelalters 38 (1982), S. 439–459.

Szabó, Thomas: Der Übergang von der Antike zum Mittelalter am Beispiel des Straßennetzes. In: Europäische Technik im Mittelalter: 800 bis 1400. Tradition und Innovation. Ein Handbuch. Hg. von Uta Lindgren, Berlin 1997, S. 25–66.

Vázquez de Parga, Luis, Lacarra, José María und Uría Ríu, Juan: Las peregrinaciones a Santiago de Compostela. 3 Bde., Madrid 1948–49.

Wallfahrt kennt keine Grenzen. Hg. von Lenz Kriss-Rettenbeck und Gerda Möhler (Aufsatzband zur Ausstellung des Bayerischen Nationalmuseums München, 1984), München/Zürich, 2. Aufl. 1985; außerdem dazu der gleichnamige Katalogband, München 1984.

Wegener, Ulrich: Der Jakobsweg. Auf der Route der Sehnsucht nach Santiago de Compostela, Freiburg/Basel/Wien 2000.

Aktuelle, praktische Pilgerführer

Die Auswahl an Pilgerführern, die je nach den gebotenen Informationen teilweise sehr schnell veralten, ist inzwischen nahezu unüberschaubar. Über aktuelle Neuerscheinungen sowie weitere Neuigkeiten informiert regelmäßig die Mitgliederzeitschrift der Deutschen St. Jakobus-Gesellschaft *Der Sternenweg*, deren Hefte auch einzeln erhältlich sind; vgl. auch www. deutsche-jakobus-gesellschaft.de. Verläßliche Informationen über die Orte und Sehenswürdigkeiten am Weg sowie zum historischen und aktuellen Wegverlauf mit Karten bietet:

Bravo Lozano, Millán: Praktischer Pilgerführer. Der Jakobsweg, León 1993, seither zahlreiche Neuauflagen.

Register

Das Register enthält Namen von Einzelpersonen sowie geographische Bezeichnungen. Bei Herrschern und anderen Würdenträgern sind die Amtszeiten angegeben, bei Pilgern, soweit bekannt, das Jahr der Pilgerreise. Nicht aufgenommen wurden Jakobus, Jesus, Maria, die Iberische Halbinsel, Frankenweg (*camino francés*), Santiago de Compostela und Spanien.

Abkürzungen: Bf. = Bischof, Eb. = Erzbischof, Gf. = Graf, Gft. = Grafschaft, Hl. = Heilige(r), Fl. = Fluß, Jh. = Jahrhundert, Kg. = König, Ks. = Kaiser, L. = Land, Landschaft, O. = Ort, T. = Tal

Aachen, O. 50, 56 f., 65, 85

Adalbert von Bayern, Prinz 106

Ademar von Chavannes, Geschichtsschreiber († 1034) 47

Afrika 75 f.

Agobard, Eb. von Lyon (816–840) 80

Alcántara, O. 97

Alexander II., Papst (1061–1073) 47

Alexander III., Papst (1159–1181) 99

Alfons II., Kg. von Asturien (791–842) 11 f., 21–23

Alfons III., Kg. von Asturien (866–910) 21–23

Alfons VI., Kg. von Kastilien-León (1065/72–1109) 23 f., 29, 52

Alfons VII., Kg. von Kastilien-León (1126–1157) 29 f., 96

Alfons IX., Kg. von León (1188–1230) 30

Alfons X., der Weise, Kg. von Kastilien-León (1252–1284) 34

Almería, O. 37

Al-Mansur, Feldherr des muslim. Spanien (978–1002) 91

Al-Motádir, Kg. des Taifa-Reiches von Zaragoza (1046–1081) 54

Amann, Jost, Buchillustrator und Kupferstecher († 1591) 88 f.

Amerika 100

Angély, O. 43

Anna Maria (auch Maria Anna) von Pfalz-Neuburg, Gemahlin König Karls II. von Spanien († 1740) 106

Ansbach, O. 75

Ansgot von Burwell, engl. Pilger (11. Jh.) 48

Aragón (Aragonien), L. 51, 53–55

Arles, O. 43

Armenien, L. 48

Arnold von Harff, Santiago-Pilger

(1496–1498) und Verfasser eines Reiseberichts 73

Astorga, O. 33 f.

Asturien, L. 16–19, 21–23, 111

Athanasius, Jünger des Jakobus 13

Augsburg, O. 74 f., 83, 104

Augustinus, Bf. von Hippo (396–430) 80 f.

Avignon, O. 69

Ávila, O. 28, 99

Barbastro, O. 23, 93

Barcelona, O. 37

Barrio Barrio, Julián, Eb. von Santiago de Compostela (seit 1997) 111

Bartolomeu Diaz, Entdecker († 1500) 77

Bayreuth, O. 75

Beatus, Abt von Liébana († 798) 17 f.

Bédier, Joseph, Romanist (1864–1937) 58–60

Belgien, L. 65
Bernhard, Eb. von
Toledo (1086–1124)
24
Betanzos, O. 106
Bodensee 75 f.
Bonifaz VIII., Papst
(1294–1303) 38
Bordeaux, O. 43, 58
Braga, O. 27 f., 33
Bretagne, L. 55
Brunete, O. 109
Brügge, O. 54
Burgos, O. 52, 68–70
Burgund, L. 48, 52

Cáceres, O. 98
Cádiz, O. 103
Calatrava, O. 97, 99
Calixt II., Papst
(1119–1124) 25–29,
32, 41
Canterbury, O. 86
Cesarius von Montser-
rat, Santiago-Pilger
(959?) 47
Cisapaß 55
Claudius von Turin
(† 827) 80
Clavijo, O. 92, 95,
97–99, 102
Cluny, O. 27 f., 47, 49,
52, 59
Coimbra, O. 23, 28, 93,
96
Conques, O. 43 f., 60
Córdoba, O. 91

Dante Alighieri, ital.
Dichter und Philosoph
(† 1321) 34
Demetrios, Hl. 94
Deutschland, L. 40,
47 f., 50, 104
Diego Gelmírez, Eb. von
Compostela
(1098–1140) 24–29,
115

Dominikus de la Cal-
zada, Hl. († 1109) 71
Donau, Fl. 106
Drake, Sir Francis, engl.
Admiral († 1596) 108

Eberhard V., Gf. von
Nellenburg († ca.
1080) 47 f.
Ebrotal 6
Einsiedeln, O. 65
El Ferrol, O. 106
Elipandus, Eb. von
Toledo († ca. 802) 17
England, L. 48, 63, 75
Erasmus von Rotter-
dam, Humanist und
Theologe († 1536)
86 f.
Eskil, Bf. von Roskilde
(1134–1137), Eb. von
Lund (1137–1177,
† ca. 1182) 49
Estella, O. 46, 52
Évora, O. 75

Fabri, Felix (geb. als
Felix Schmidt in
Zürich), Dominikaner
in Ulm († 1502) 82 f.
Facundus, Hl. 71
Felix V. (Amadeus von
Savoyen), Gegenpapst
(† 1383) 75
Ferdinand I., Kg. von
Kastilien-León
(1038–1065) 23, 30,
93 f.
Ferdinand II., Kg. von
León (1157–1188)
30–32, 97–99
Ferdinand (II.), der
Katholische, Kg. von
Aragón und Kg. von
Spanien (1479–1516)
101
Franco, Francisco Baha-
monde y, span. Dikta-

tor und Staatschef
(1936–1975) 109 f.
Franken, L. 75
Frankfurt a. M., O. 104
Frankreich, L. 33, 41 f.,
44, 47 f., 50, 52 f., 55,
59–61, 71, 75, 88–90,
106, 110 f.
Freiburg i. Br., O. 74,
107
Friedrich I., Barbarossa,
Kg. und Ks.
(1152–1190) 56

Gabriele Capodilesta,
ital. Historiograph
(14. Jh.) 82
Galicien, L. 8, 11–14,
16, 21, 27, 33, 55, 91,
96, 106
Gallien, L. 40
Geiler von Kaysersberg,
Johannes, Straßburger
Theologe und Prediger
(† 1510) 83 f.
Gelasius II., Papst
(1118–1119) 27
Genf, O. 75
Gent, O. 111
Georg, Hl. 94
Georg III., Gf. von
Waldburg («Bauern-
jörg») und Santiago-
Pilger (1515, † 1531)
103
Georg von Ehingen, Rit-
ter und Santiago-Pil-
ger (1456–1459) 76 f.
Gerson *siehe* Johannes
Gerson
Girald(us), Magister in
Santiago de Compo-
stela (12. Jh.) 25
Godeschalk, Bf. von Le
Puy (936–962) und
Santiago-Pilger
(950/51) 47
Granada, O. 101, 116

Gregor VII., Papst (1073–1085) 24

Gregor, Kardinalpresbyter von S. Crisogono (1109/11–1113) 26

Gretser, Jacob, Jesuitenprediger († 1625) 89

Guibert, Abt von Nogent (1104–1121) 80 f.

Guillaume de Degulleville, Dichter († nach 1358) 83

Gunzinger, Christoph, Santiago-Pilger (1654/55) 105

Hadrian I., Papst (772–795) 17

Hallerin, Barbara, Gemahlin des Hans von Ploben (15./16. Jh.) 76

Hannover, O. 50

Hartmann Schedel, Nürnberger Arzt und Verfasser der «Weltchronik» († 1514) 75

Heiliges Land *siehe* Palästina

Hermann Künig von Vach, Servitenmönch und Verfasser eines Pilgerführers (um 1495) 56, 62, 64 f., 68–70, 76 f.

Herodes Agrippa I., bibl. Kg. († 44) 10, 87

Hieronymus Münzer, Nürnberger Arzt, Humanist und Santiago-Pilger (1494/95, † 1508) 39, 75 f., 87

Hieronymus, Sophronius Eusebius, Kirchenlehrer († 419/20) 35

Holland, L. 106

Hugo, Eb. von Reims (925–932), Santiago-Pilger (961, † 962) 39

Hugo, Gf. von Vermandois (967–980/84), Santiago-Pilger (961) 47

Hyacintus, Kardinal und päpstl. Legat in Spanien, später Papst Cölestin III. (1191–1198) 99

Ida, Gemahlin Gf. Eberhards V. von Nellenburg (11. Jh.) 47

Iria Flavia, O. 11–13, 24

Isidor, Eb. von Sevilla (599–636) 71 f.

Italien, L. 40, 48 f., 63, 75, 104

Jaca, O. 40 f., 52, 54

Jacobi, Georg, Schriftsteller († 1814) 106

Jakob von Varazze (Voragine), Eb. von Genua (1288/92–1298) 80

Jerusalem, O. 12–14, 27, 35, 44 f., 48, 62, 82 f., 87, 99, 116

Johann II., Kg von Portugal (1481–1495) 75

Johannes, Apostel und Evangelist 10, 25

Johannes Gerson, Theologe und Kirchenpolitiker († 1429) 83

Joncels, Pierre von, Autor 34

Joppe (Jaffa), O. 12 f.

Josias, Schüler Jakobus' des Älteren 13

Juan Carlos I., Kg. von Spanien (seit 1975) 8

Karl der Große, Kg. und Ks. (768–814) 11,

41 f., 55–58, 72, 75, 91, 96

Karl I. (V.), Kg. und Ks. (1519–1558) 103

Karl II., Kg. von Spanien (1665–1700) 103, 106

Kastilien, L. 23, 30, 51, 55, 93, 101

Katalonien, L. 47, 51, 64

Köln, O. 104

Kolumbus, Christoph, Seefahrer († 1506) 75, 77

Konstantinopel, O. 54

Konstanz, O. 64, 75

Kunz Kistener, Straßburger Weinhändler und Verfasser von «Die Jakobusbrüder» (14. Jh.) 73

La Coruña, O. 106

Laon, O. 80

Las Medulas, O. 40

Lavacolla, O. 72

Le Puy, O. 43

Leo III., Papst (795–816) 12–15, 17

Leo IX., Papst (1049–1054) 47

Leo XIII., Papst (1878–1903) 108

Leo von Rožmital, böhm. Adliger und Santiago-Pilger (1465–1467) 75

León, L. 23, 30, 51, 93, 96, 99

León, O. 24, 30, 47, 52, 71, 76

Limberg, Johann, Pilger, Verfasser eines Reiseberichts (1690) 105

Limoges, O. 60

Limousin, L. 43 f.

Lissabon, O. 75

Logroño, O. 46
Loire, Fl. 60
Lothringen, L. 77
Lugo, O. 34, 52
Luther, Martin, Refor-
mator († 1546) 87–89
Lüttich, O. 47
Lupa, legendäre Königin
in Galicien 13 f.
Luzern, O. 75

Madrid, O. 75
Mainz, O. 64
Manegold, Mönch im
Kloster Stein (11. Jh.)
48
Maria Anna von Pfalz-
Neuburg *siehe* Anna
Maria
Maria Salome, Frau des
Zebedäus, Mutter der
Apostel Johannes und
Jakobus 10
Marineus Siculus,
Lucius, span. Hof-
historiograph
(† ca. 1533) 69
Markus, Evangelist 10
Marokko, L. 99
Marsirus, legendärer Kg.
in Zaragoza 55
Martin, Bf. von Tours
(371–397) 36, 44,
60
Mateo, Baumeister in
Santiago de Compo-
stela (12. Jh.) 32
Matthäus, Evangelist
10, 46
Mauregatus, Kg. von
Asturien (783–788)
19
Mayor, Doña *siehe*
Munia
Meersburg, O. 76
Memmingen, O. 75
Mérida, O. 25, 27 f.
Mohammed, Prophet

und Religionsstifter
(† 632) 94
Moissac, O. 43
Montpellier, O. 43
Munia (Doña Mayor),
Gemahlin von San-
cho III. von Navarra,
Königin von Navarra
(1010–1035) 71

Navarra, O. 23, 46, 51,
53, 55, 61, 68, 71
Neuburg, O. 106
Niccolò da Poggibonsi,
ital. Historiograph
(14. Jh.) 82
Niederlande, L. 39, 75,
104
Nikäa, O. 35
Nogent, O. 80 f.
Nürnberg, O. 75, 85,
89, 105

Oliver, Begleiter Rolands
55
Ordoño II., Kg. von
Asturien (850–866)
22
Örtel, Sebald, Nürn-
berger Santiago-Pilger
(1521–1522, † 1552)
75 f.
Ostabat, O. 43

Padrón, O. 13
Padua, O. 82
Palästina (Heiliges
Land) 10, 35, 42, 61,
97, 99, 109
Paris, O. 43, 65
Paschalis II., Papst
(1099–1118) 25 f.
Paul V., Papst
(1605–1621) 103
Paulus, Apostel 10, 15,
24, 40, 83
Payá y Rico, Kardinal
und Eb. von Santiago

de Compostela
(1874–1891) 108
Pedro Marcio, Kano-
niker in Santiago de
Compostela (12. Jh.)
95, 97
Pelagius, Eremit 10, 56
Périgueux, O. 43
Peter II., Eb. von Sant-
iago de Compostela
(1168–1176) 98
Petrus, Apostel 10, 15,
25, 40
Philipp III., Kg. von
Spanien und Portugal
(1598–1621) 101
Philipp IV., Kg. von
Spanien und Portugal
(1621–1665) 103
Picardie, L. 39
Pisuerga, Fl. 96
Ploben, Anna von,
Tochter des Hans von
Ploben (16. Jh.) 76
Ploben, Hans von,
Schwiegervater des Se-
bald Örtel
(15./16. Jh.) 76
Poitiers, O. 43
Polen, L. 104
Pontferrada, O. 40
Pontius, Abt von Cluny
(1109–1122, † 1126)
28
Prag, O. 75
Praun, Stephan III.,
Nürnberger Santiago-
Pilger (1571, † 1591)
104 f.
Primitivus, Hl. 71
Puente la Reina, O. 43,
53, 71
Pyrenäen, L. 16, 33, 40,
44, 46, 51–53, 64 f.,
68, 97

Quevedo y Villegas,
Francisco de, Autor

und Ritter des Jako-
busordens
(1580–1645) 102

Raimund von Gotien,
Gf. von Rouergue,
Santiago-Pilger (961)
47
Raimund von Burgund,
Gf. von Galicien
(† 1107) 29
Ramiro I., Kg. von Astu-
rien (842–850) 95,
102
Reims, O. 28
Rheintal 75
Rhônetal 65
Richeôme, Louis,
Gelehrter († 1625)
89
Roland, Markgf. der
Bretagne, Begleiter
Karls des Großen
(8. Jh.) 55, 58
Rom, O. 7, 15, 25–27,
37 f., 44 f., 47 f., 62 f.,
82 f., 85, 87, 116
– Santa Maria in Cos-
medin 32
Roncesvalles, Bergpaß
53–57, 72

Sachs, Hans, Nürn-
berger «Schusterpoet»
(† 1576) 88 f.
Sahagún, O. 52, 71 f.
Saintes, O. 43
Salamanca, O. 28
Salome *siehe* Maria
Salome
Sancho III., der Große,
Kg. von Navarra
(1004–1035) 40 f.
51
Sancho IV., el Peñalén,
Kg. von Navarra
(1054–1076) 54
Sangüesa, O. 61

Santa Cristina, O. 54
Santa Marta de Tera,
Kloster 64
Santo Domingo de la
Calzada, O. 68, 105 f.
Santo Domingo de Silos,
Kloster 64
Schaffhausen, O. 47, 83
Schwaben, L. 75
Schweiz, L. 75
Sebastian Ilsung, Augs-
burger Patrizier und
Santiago-Pilger (1446)
74 f.
Sevilla, O. 33, 101
Siegfried, Eb. von
Mainz (1060–1084)
und Santiago-Pilger
(1071/72) 47
Sizilien, O. 37
Sobieski, Jakub, poln.
Santiago-Pilger (1611,
† 1646) 104
Somport, Bergpaß 53 f.
St-Gilles, O. 43, 71
St-Roman de Blaye, O.
58
St-Jean de Sorde, O.
68
Straßburg, O. 83, 111
Syrien, L. 17

Tabor, Berg 10
Theodemirus, Bf. von
Iria bzw. Santiago de
Compostela (Anfang
9. Jh.) 11 f.
Theodor, Hl. 94
Theodorus, Jünger des
Jakobus 13
Theresia (Teresa) von
Ávila, Hl.
(1515–1582)
101–103, 116
Thomas von Aquin
(† 1274) 81
Toledo, O. 16–19, 23 f.,
27, 30, 33, 96

Toulouse, O. 28, 43 f.,
60, 69, 88
Tours, O. 21, 40, 43 f.,
60, 65, 77
Triacastela, O. 72
Trient, O. 89, 107
Turpin, Eb. von Reims
(748–794) 55 f.

Ulm, O. 75, 82
Urban II., Papst
(1088–1099) 24 f.
Urban VIII., Papst
(1623–1644) 101 f.
Urraca, Königin von
Kastilien-León
(1109–1126) 29

Valcarlos, T. 55
Vermundo III., Kg. von
León und Asturien
(1028–1037) 21 f.
Vézelay, O. 43
Vigilantius († ca. 420)
80
Villenbach, O. 92

Walsingham, O. 86
Wickram, Georg,
Schriftsteller aus Col-
mar († vor 1562) 89
Wien, O. 92, 106
Wilhelm von Vercelli,
ital. Klostergründer
und Santiago-Pilger
(† 1142) 48
Wilhelm V., Herzog von
Aquitanien
(995–1030) 47
Wittenberg, O. 85
Wolfach, O. 108
Würzburg, O. 104

Zebedäus, Vater der
Apostel Johannes und
Jakobus 10
Zell am Harmersbach,
O. 104

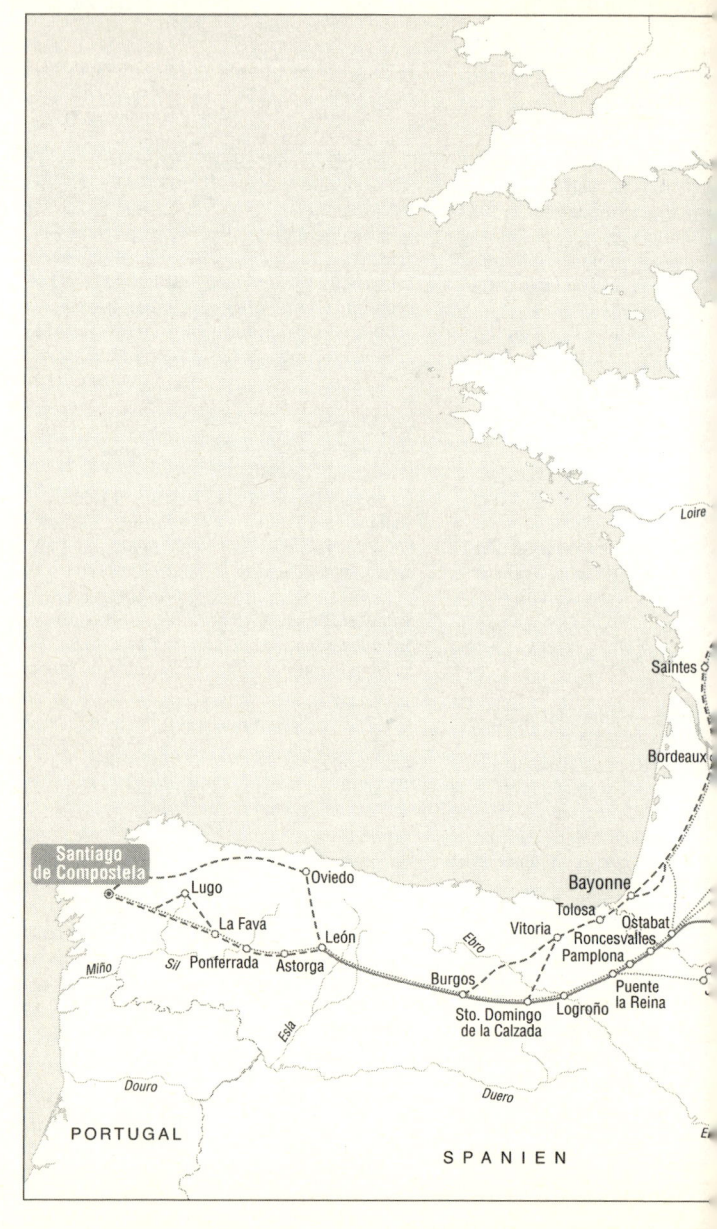